歴史文化ライブラリー

151

日本語の誕生

古代の文字と表記

沖森卓也

吉川弘文館

目次

「上古の世にいまだ文字あらず」——プロローグ

1　「上古の世にいまだ文字あらず」

文字のなかった時代

漢字が日本列島に伝来する以前に、日本語は固有の文字を持っていなかった。斎部広成《いんべのひろなり》が著した『古語拾遺《こごしゅうい》』（八〇七年（大同二）成立）は、次のような書き出しで始まっている。

蓋聞、上古之世未有文字。貴賤老少口口相伝、前言往行、存而不忘。書契以来不好談古。

（蓋《けだ》し聞けらく、「上古の世には未だ文字有らず。貴賤老少、口口に相ひ伝へ、前言往行、存して忘れず」と聞けり。書契《しょけい》ありてより以来、古を談《かた》ることを好まず。）

これは、祭祀執行《さいししゅぎょう》の職権をめぐって、勢力を伸ばしつつあった中臣氏《なかとみし》に対抗するために平城《へいぜい》天皇に提出した訴えの書である。神代以来の歴史から説き起こす、その冒頭に「古く日本にはまだ文字がなかった」と明記されているのである。そして、文字がなかった時代では、人々は口頭で古くからの伝承を伝え、忘れなかったが、書契（漢字）が伝わってからは、昔のことを語ることを好まなくなったというのである。この、漢字伝来以前に日本に文字がなかったという記事は斎部氏だけに伝えられていた所伝ではなく、当時の一般的な見方であったと見られる。

これに対して、卜部懐賢《うらべかねかた》（兼方）著の『釈日本紀《しゃくにほんぎ》』（一二七四〔文永十一〕～一三〇一年〔正安三〕の間に成立）には次のような記事が見える。

先師説伝、漢字伝来我朝者、応神天皇御宇也。於和字者、其起可在神代歟。（巻一開題）

ここでは、仮名を作ったのは誰かという問いに対して、漢字の日本への伝来は応神《おうじん》天皇の代であり、「和字」はその漢字伝来以前の神代に起こったと述べている。その理由として、文字がなかったら、亀卜《きぼく》の術ができないからであるとし、その「和字」が「伊呂波」（仮名）となったということも記されている。ただし、その「和字」が具体的にどのようなものであるかという点については触れていない。これが、神代に文字があったとする最も古い記事であるが、根拠に乏しく信じることはできない。

その後、江戸時代には、平田篤胤《ひらたあつたね》の「日文《ひふみ》」、鶴峯戊申《つるみねしげのぶ》の「天名地鎮《あないち》」などの「神代文字《じんだいもじ》」が世に示されるが、それらはいずれも後世の偽作である。その証拠として、種々の事項があげられる。第一に、文字が音を表すものである以上、古代において区別されていた音韻《おんいん》を書き分けているはずである。しかし、イロハ四七音以外に少なくとも一四音が音節として区別されていたという「上代特殊仮名遣い《じょうだいとくしゅかなづかい》」に合致せず、それらは後世のイロハ四七音（または「ン」を加えて四八音）、もしくは五十音図による五〇音を書き分けるという域を出ていない。第二に、それらは多く音節文字であって、文字の発達段階から見て、音節文字は表語文字（表意文字）よりも後のものと認められる。第三に、奈良時代以前の現物資料がなく、また前記の『古語拾遺』が述べるように、漢字伝来以前に文字はなかったという記録がある。

このように、漢字伝来以前に日本には固有の文字が存在しなかったことは明白であり、日本語が最初にめぐりあった文字は漢字であった。仮名（平仮名・片仮名）はその漢字から平安時代に作り出されたものであることは周知の事実である。

文字誕生の由来

ところで、文字の起源が宗教的な儀式の場にあることはエジプトの聖《せい》刻《こく》文字（ヒエログリフ）や中国の甲骨《こうこつ》文字などによっても明らかである。文字は本来神権政治と深い関係にあって、その権力の象徴であるという性格を持つ。その意味で、『釈日本紀』が占いと「和字」の起源を結びつけることは自然な主張ではある。しかし、「和字」がなくても、結果として漢字によって書かれた『万葉集《まんようしゅう》』が日本語として読めるように、工夫さえすれば、固有の文字体系がなくても、十分に自らの言語を表記することができるのである。ある言語に固有の文字がなく、他の言語から借りて独自の文字を成立させたことは、ギリシア文字がフェニキア文字に由来することや、そのギリシア文字からラテン文字が作り出されたことなどに例証されるように、またそれも自然の流れであり、むしろ文字成立の由来としてはその方が多い。自らが使用する言語に固有の文字があることを願う気持ちはそれなりに自然な心情ではあるが、いかに工夫を凝《こ》らして独自の文字として成立させていったかという創造の過程を知ることはその営為において遜《そん》色《しょく》のない誇りとなるに違いない。

文字を言語音に対応させること、それはその言語の構造を理解するうえにおいて成立する。たとえば、「やまにのぼる」を漢語の「登山」と照らし合わせると、そこには日本語の語順や付属語（助詞）の存在、そして動詞の活用などが内省的に把握されるであろう。そして、そのような理解を重ねて知識が蓄積されることによって、自らの言語に対する認識がより客観化され深まっていく。すなわち、日本語を漢字で表記することは日本語そのものを深く理解する契機でもあったことをまずは強調しておきたい。

表語文字としての漢字

世界の文字を分類する場合、大きく表意《ひょうい》文字と表音《ひょうおん》文字に分類することがある。その場合、表意文字とは一定の意味を表す文字ととらえたものである。しかし、それは意味の側面に特に着目したものであって、やや一面的な認識による把握である。たとえば、漢字「馬」は〈うま〉という意味を表すとともに、/ma/という音をも表している。したがって、むしろ〈うま〉という意を表す単語そのものに対応しているのが「馬」であると理解する方が適切である。このことから、今日では従来「表意文字」といわれていた類を「表語文字《ひょうご》」とよぶことが一般的となっており、本書でもこの語を用いることにする。このような、漢字は意味と音とを同時に表しているものという認識は、日本の文字を理解するうえで利点が多い。

たとえば、「山」をヤマとよむ訓《くん》は、「山」という本来中国語を表す語の音《おん》の側面を、日本の固有語である和語（やまとことば）の/yama/にあてたものである。その場合〈やま〉という意味はそのまま保たれて用いられている。訓とは表語文字である漢字の音の側面を和語の音にあてはめたものと言える。また、『万葉集』には和語ヒト（人）を「比登」と書き記した例が見える。漢字を日本語の音節表記に宛てたもので、『万葉集』に多く見えることから「万葉仮名《まんようがな》」とよぶ漢字の用法である。これは、表語文字である漢字の意味の側面を捨てて、音だけを用いたものである。ここではヒやトという音節に対応させて漢字を用いていることから、表音文字として、さらに細かく分類すれば、音節文字として機能させていると言える。このような音節文字の性格が、後に万葉仮名を平仮名・片仮名へと発展させるのである。大ざっぱに言えば、漢字が表語文字であったために、今日の漢字仮名交じり文が存在しているということになる。

古代の文字・表記

日本語の文字・表記は「国語国字問題」のテーマの一つとして取り上げられることが多い。仮名遣い、送り仮名や漢字制限など、その今日的課題は多岐にわたる。それらが日本人の言語生活において解決をなおざりにできないことはいうまでもないが、その前提として日本語の文字・表記がどのように工夫されてきたか、その発達の段階を追うことは決して無意味ではあるまい。いやむしろ、その発達の到達点が今日の状況であることを考えれば、その出発点に立ち戻って客観的に見直すことは議論自体をも深めるものとなろう。

ただし、古代の文字・表記の全貌を明らかにすることは史料的な制約もあって、とうてい不可能である。木簡《もっかん》などの文字史料が新たな発掘によって報告されるにともなって、少しずつ古代の文字生活の実態が解明されるとともに、新たに別の問題が生じることも少なくない。その意味で、現時点における歴史記述は解明途中の中間報告にすぎない。それが歴史研究の常であるにせよ、今日において求められていることは史料の語ることに素直に耳を傾け、それを無理なく史的に位置づけることであろう。

日本語の原風景

日本への漢字伝来

現存最古の日本漢字文──『稲荷台一号墳鉄剣銘』

出土した最古の「文字」

日本における年代の確定する現存最古の文字資料は西暦五七年に後漢の光《こう》武《ぶ》帝が倭国《わこく》の使者に与えたといわれる金印「漢委奴国王《かんのわのなのこくおう》」（福岡県志賀島《しかのしま》出土）である。このほか、漢字が記された古い史料には新の「貨泉《かせん》」「貨《か》布《ふ》」などがあるが、いずれも日本国外で製作され、舶載《はくさい》されたものである。

これに対して、国内史料としては、刻書《こくしょ》・墨書《ぼくしょ》がなされた、弥生時代後期から古墳時代にかけてのものが近年続々と報告されている。

大城《だいしろ》遺跡（三重県安芸《あげ》郡安濃《あのう》町内多《うちだ》）出土土器に「奉」と読める刻書が見え、その土器の年代は二世紀中ごろとされている。高坏《たかつき》の表面にへららしい道具で刻んだものである。

三雲《みくも》遺跡（福岡県前原《まえばる》市）から出土した三世紀中ごろとされる甕《かめ》に線刻で記されたものがある。一列に並ぶように刻まれているもので、当初は、一方を「口」、他方は不明とされていた。これについて、平川南は、他の古墳から出土した銅鏡（五世紀後半）などを参考にして、これらを一字と見て、「竟（鏡）」と判読した。銘文入りの後漢鏡も大量に出土していることから、漢字を十分に理解しないまま書き写したものかと見られている。

図１　根塚遺跡出土土器片「大」（長野県・木島平村教育委員会所蔵）

根塚《ねづか》遺跡（長野県下高井《しもたかい》郡木島平《きじまだいら》村）から出土した三世紀後半の土器片に「大」と刻まれたものが発見されている。平川南によると、「一」を終画とする筆順は伽耶《かや》の六世紀代の刻書土器と共通するという。

柳町《やなぎまち》遺跡（熊本県玉名《たまな》市河崎《かわさき》）の井戸の跡から、

木製短甲留具墨書《たんこうとめぐぼくしょ》に「田」のように見える符号が発見されている。四世紀初頭の国内産と見られる木製の短甲の棒状留め具の裏側に書かれたもので、判読できない文字らしい墨の跡が他に四ヵ所付いている。

片部《かたべ》遺跡（三重県嬉野《うれしの》町）から出土した土器の口縁部外面に、「田」のような符号が墨書されており、四世紀前半のものと推定されている。隣接する貝蔵遺跡（嬉野町中川）からは、人面や記号のようなものの墨書が素焼きの土師器《はじき》に発見されているが、これは三世紀前半のものと推定され、現存最古の墨書史料である。これらの墨書が発見される以前は、法隆寺釈迦三尊像台座に記された七世紀前半のものが最古のものであった。

文字と記号

しかし、これらの刻書・墨書を国内最古の漢字史料と考えるには、やはり問題がある。それは単なる目印としての記号か、漢字と意識して書いた文字か、区別できないからである。中国の半坡《はんぱ》遺跡から発見された陶文《とうぶん》と呼ばれるものも、それが単体であって文章の体裁をなしていない点で、漢字の起源を依然として甲骨文字に求めるように、文字によってあるまとまった事柄を伝達するという言語の本質を反映しているとは認められない。かりにそれが漢字であったとしても、それは単なる目印としての符号の域を出ない以上、言語記号としての漢字と見なすことはできない。幡枝《はたえだ》一号墳（京都市）出土の四獣鏡《しじゅうきょう》（四世紀）に線刻されている「夫火竟」なども同様、それらは仿製《ぼうせい》鏡《きょう》と同じで、口頭言語を文字化したものというのではなく、一種の象徴として描かれたものと扱うべきである。おそらく、四世紀以前にも、漢字漢文を書くことのできる渡来系の人は日本列島にいたに違いないが、ある事柄を漢字で書き記すのは外交文書など対外的な場面に限られていたであろう。日本国内での本格的な漢字表記はもう少し下らなければならない。

国外製作の漢字文

金印に続く日本出土の漢字文で、国外で製作されたものを概観すると、まず『東大寺山古墳太刀銘《たちめい》』（奈良県天理市櫟本町《いちのもとちょう》）は金象嵌《きんぞうがん》による二四字からなるもので、「中平」（一八四〜一八九年）の年記をもつ。これは、その製作直後に後漢から倭国に与えられたものと考えられている。これに次いで、「景初三年」（二三九）の年記をもつ三角縁神獣鏡《さんかくぶちしんじゅうきょう》の銘文などがある。四世紀では、『七支刀銘《しちしとうめい》』（天理市石上神宮《いそのかみじんぐう》）は六一字からなる金象嵌によるもので、東晋《とうしん》の「泰和《たいわ》四年」（三六九）の年記を有する。これも百済《くだら》から倭王《わおう》に贈られたものかと見られる。このころには日本列島においても漢字が人々の目に触れる機会が次第に多くなり、書きことばとしての漢文（中国語）が次第に意識されるようにもなっていたであろう。

日本における文字表記の展開を考える場合、古代朝鮮、なかでも百済との関係を見過ごすことができない。『三国史記』によると、四世紀前半に建国された百済では、近肖古王《きんしょうこ》の時代（三四六〜三七五年）に文字の使用が始まった。そして、三七二年、高句麗《こうくり》に順道《じゅんどう》が秦（前秦）から仏教を伝えたのに対して、三八四年には百済に、西域の僧摩羅難陀《まらなんだ》が東晋から仏教を伝えた。この百済に対して、倭国は応神三年に紀角宿禰《きのつののすくね》などを遣わした記事が『日本書紀』（応神《おうじん》三年是歳条）に見え、高句麗好太王碑《こうたいおうひ》に「而倭以辛卯年来渡海」（辛卯《しんゆう》年は三九一年）とある記事はこれに符合すると考えられる。これ以降の両国間の交流を『日本書紀』によって箇条書きにすると、次のとおりである。

応神　八年　阿花王《あかおう》、王子直支《とき》を遣わす（三月条　百済記所引）
応神十四年　秦氏の祖の弓月君《ゆつきのきみ》、百済より来朝（是歳条）
応神十五年　百済王、阿直岐《あちき》を遣わし、良馬二匹を貢《たてまつ》る（八月丁卯条）
応神十六年　王仁《わに》来朝し、太子菟道稚郎子《うじのわきいらつこ》がこれに師事する（二月条）
（『古事記』には、王仁が『論語』『千字文《せんじもん》』をもたらした旨の記事が見える）
応神二十年　倭漢直《やまとのあやのあたい》の祖の阿知使主《あちのおみ》、その子都加使主《つかのおみ》らが渡来する（九月条）

従来から指摘があるように、これらの記事は、第一次の渡来人が応神朝の四世紀末から五世紀初めにかけて盛んに渡来したことを象徴的に示すもので、『論語』『千字文』伝来の記事は、これ以降渡来人によって日本国内で漢文表記が本格的に開始されたことを反映したものと見てよかろう。

国内製作の最古の漢字文

その具体例が『稲荷台《いなりだい》一号墳鉄剣銘』（千葉県市原市）である。

（表）王賜久□敬□　（王、久□を賜ふ。敬して〔安〕んぜよ）

（裏）此廷□□□□　（此の廷〔刀〕は□□□）

これには一二文字からなると推測される、銀象嵌による銘文が見える。全体の文意は取れ

図2　稲荷台一号墳鉄剣銘「王賜」（千葉県・市原市教育委員会所蔵）

ないが、畿内の「王」が奉仕の賞与として与えたものかと推定され、その文章は漢文体と見て問題なかろう。一号墳は同時に出土した須恵器《すえき》から五世紀の第3四半世紀ごろに築造されたもので、鉄剣はそれより遡る五世紀前半に製作されたものと見られている。漢文の体裁を有する国内製作の文字資料として現存最古のものである。

この銘文の製作は四世紀末から五世紀初頭にかけて本格的な漢字の伝来があったという経緯をふまえたものであろう。

応神朝をもって大和朝廷の成立とするならば、国家の形成にとって漢字の移入が不可欠であったことは注目される。『日本書紀』の履中《りちゅう》紀四年八月戊《つちのえいぬ》戌条に、はじめて諸国に国史《ふみひと》を置いたとする記事も、漢字表記が地方にも及んでいくことを象徴するものであろう。さらに、雄略《ゆうりゃく》紀七年（四六三）是歳条には、百済から「今来《いまき》の才伎《てひと》」と呼ばれる工芸技術者（陶部《すえつくり》・鞍部《くらつくり》・画部《えかき》・錦部《にしごり》）や通訳の人々が多数渡来したという記載が見られる。この渡来は書記活動にも大きな影響を及ぼしたと考えられるのであるが、そのころに製作されたのが『稲荷山《いなりやま》古墳鉄剣銘』である。

本邦最古の日本語表記——『稲荷山古墳鉄剣銘』

形音義

漢字のもつ基本的要素を「形《けい》・音《おん》・義《ぎ》」ということがある。それは、字形・字音・字義のことをさす。たとえば、「美」という漢字は、文字として「美」という字形、中国語における発音としてmiやbiという字音、そして〈美しい〉という意の字義を有している。このように、漢字はアルファベットと違って、文字自体に意味を有しているところに大きな特徴がある。このような漢字の基本的要素のうち、字義を捨象《しゃしょう》して、日本語の音節表記にあてる用法を「万葉仮名《まんようがな》」とよんでいる。たとえば、日本語のヒト（人）を「比登」、ハナ（花）を「波奈」などと表す類がそれである。ここでは、「比」「登」はそれぞれ〈比べる〉〈登る〉という字義で用いられているのではなく、単にヒ・トという日本語の音節を表している。これによって、日本語としての語形が確定することになる。

ただし、このような、本来の字義を捨象して別の語に転用する用法は、漢字の構成原理（後漢の許慎《きょしん》が撰した『説文解字《せつもんかいじ》』では、六つの構成原理をあげ、これを「六書《りくしょ》」と名づけている）のうち「仮借《かしゃ》」にすでにある。たとえば、「耳」は動物の一器官である〈みみ〉を表す字であるが、それによって、同じ音をもつ別の語である〈のみ〉(限定の意を表す語、「神のみぞ知る」の類)をも表す方法をいう。これは、その語の音を借りるところに主眼があり、中国語とは異なる外国語の語彙《ごい》、たとえば、梵語《ぼんご》(サンスクリット)のSākyaを「釈迦」、naraka(地獄の意)を「奈落」などと書き表す場合にも応用された。『魏志《ぎし》』東《とう》夷伝倭人条《いでんわじん》の「卑弥呼」「卑狗」などもそれによるもので、日本列島での使用以前に日本語はすでに漢字と出会っているのである。本書では、日本列島という場に限定して日本語の表記を考えていく立場から、それには立ち入らないが、そのような音節表記法が本来的に漢文に由来することは明記しておきたい。したがって、「万葉仮名」とは、中国語にすでに存在した漢字の用法を、『万葉集』に多く用いられていることに着目して、日本で別途に名づけた名称である。

日本漢字音

ところで、いまさら言うまでもないことだが、中国語と日本語とでは発音が異なる。中国語の発音を表す字音は、そのままでは日本語の音韻《おんいん》体系には合わない。そのため、日本語に合わせた発音が行われるのであって、これを「日本漢字音」とよぶ。一般には訓《くん》に対する音《おん》がそれである。さらに、日本語内部での音韻変化によって、たとえば古く「王」はワウであったが、オウと変化したように、原音との乖離《かいり》はさらに甚だしくなっている（これに加えて、現代中国語との関係で言えば、中国語内部での古代から現代への音韻変化も加わっている）。

この日本漢字音には、たとえば「美」におけるミ・ビという音のように、一つの漢字に意味用法の違いに基づくのではなく複数のものがある場合が少なくない。これは、日本に伝来した時期などの違いによるもので、広く用いられている字音体系に呉音《ごおん》と漢音《かんおん》がある。呉音は漢音伝来以前に朝鮮半島を経由して伝来した、中国の南方系の発音に由来するもの、漢音は遣唐使《けんとうし》や中国からの渡来人たちが主として七〜八世紀にもたらした、唐の都である長安などの黄河中流域の発音に基づくものをいう。前述の「美」でいえば、ミが呉音、ビが漢音にあたる。呉音は漢音伝来以前にかなり日本列島に普及していたため、字音を借りた万葉仮名は呉音が主流となっている。たとえば、『万葉集』では〈都《みやこ》〉を「美夜故」、〈今日《けふ》〉を「家布」などと記していて、「美」をミに、「家」をケ（ケが呉音）に用いることはあるが、漢音によって「美」をビに、「家」をカに用いた例は見られない。ただし、『日本書紀』は中国の正史に対抗するような意識に基づいて編集されたことから、漢音による万葉仮名を用いているが、それは特殊な事例である。

図3　稲荷山古墳鉄剣銘（埼玉県立さきたま資料館写真提供）

そこで、次に『稲荷山古墳鉄剣銘』（埼玉県行田市）を見てみよう。

稲荷山古墳鉄剣銘

（表）　辛亥年七月中記乎獲居臣上祖名意富比垝其児多加利足尼其児名弖已加利獲居其児名多加披次獲居其児名多沙鬼獲居其児名半弖比

（裏）　其児名加差披余其児名乎獲居臣世々為杖刀人首奉事来至今獲加多支鹵大王寺在斯鬼宮時吾左治天下令作此百錬利刀記吾奉事根原也

《訓読》　辛亥年七月中記す。乎獲居臣、上祖、名は意富比垝、その児多加利足尼、その児名は弖已加利獲居、その児、名は多加披次獲居、その児、名は多沙鬼獲居、その児、名は半弖比、その児、名は加差披余、その児、名は乎獲居。臣、世々杖刀人の首《をさ》として奉事《つかへまつ》り来りて今に至る。獲加多支鹵大王の寺、斯鬼宮に在りし時、吾、天下を左治す。この百錬利刀を作らしめ、吾が奉事れる根原を記す。
《大意》辛亥年七月に記す。ヲワケは、祖先の名はオホヒコである。以下、タカリスクネ、テヨカリワケ、タカハシワケ、タサキワケ、ハテヒ、カサハヤ、そしてヲワケまでの、八代に渡る系譜である。それらが代々、杖刀人《じょうとうじん》（近衛隊《このえたい》）の長としてお仕えし今に至っている。ワカタケル大王がシキの宮にいらっしゃった時、私（ヲワケ）はその治政を補佐した。この刀を作って、そのお仕えしてきた由来を記しておく。

この「辛亥年《しんがい》」は四七一年にあたるもので、金象嵌《きんぞうがん》による一一五字からなる。ここには日本製作で現存最古の、日本語として語形の確定する人名・地名の表記が見える。その例を再度挙げると次のとおりである。

乎獲居（ヲワケ）　意富比垝（オホヒコ）　多加利足尼（タカリスクネ）　弖已加利獲居（テヨカリワケ）　多加披次獲居（タカハシワケ）　多沙鬼獲居（タサキワケ）　半弖比（ハテヒ）　加差披余（カサハヤ）　獲加多支鹵（ワカタケル）　斯鬼（シキ）

この銘文では、今日用いる字音とは異なって、たとえば、オに「意」、ホに「富」、ヨに「已」が用いられている。呉音では「意」「已」はイ、「富」はフであって、右のような字音はそれよりも古い時代のものに基づいているのである。このような呉音伝来以前の字音を「古音」と称している。古音は、五世紀以前に朝鮮半島で用いられていた字音で、その由来をさらに辿《たど》れば、中国漢代以前の音に基づくものかと見られる。

上代特殊仮名遣い

さて、ここで少し、いわゆる「上代特殊仮名遣い《じょうだいとくしゅかなづか》い」について触れておきたい。これは、七・八世紀の文献において、特定の音節に対して万葉仮名による二類の使い分けが見られるというものである。たとえば、カミ（上）とカミ（神）は今日では発音上では同じで、音に区別がない。しかし、七・八世紀においては、前者のカミ（上）のミには「美」「弥」などが、後者のカミ（神）のミには「微」「未」などが用いられていて、厳然とした書き分けがあったのである。これは発音上の違いに基づく使い分けであって、たとえば今日のミという音を遡ると、似てはいるが明らかに区別できる二種類のミの音があったのである。これを便宜的にミ甲類とミ乙類と呼んでいるが、甲類・乙類とは、「上代特殊仮名遣い」を体系的に明らかにした橋本進吉によって名づけられた名称である。そして、その特定の音節とは、キケコソトノヒヘミメヨロ（『古事記』ではモにも区別があった）およびその濁音のギゲゴゾドビベである。

このような二類の別を『稲荷山古墳鉄剣銘』に見ると、たとえば「比」はヒ甲類であって、ヒコ（彦）と認定することに矛盾しない。「居」はケ乙類であって、ワケ（別）と認められる。その他の例証は紙面上省略するが、この銘文は全体的に上代特殊仮名遣いに合致する。したがって、このような万葉仮名の使い分けは五世紀にまで遡らせることができることになる。ちなみに、『魏志』東夷伝倭人条の固有名表記でも若干の例外はあるものの、上代特殊仮名遣いにほぼ合致することから、三世紀ごろも音韻的には奈良時代の状況と大差がなかったことがわかる。

万葉仮名と渡来人

それでは、前記のような万葉仮名は誰がどのように選び、使用したのであろうか。それは古音に基づいていることで明らかなように、朝鮮半島からの渡来人が、当時朝鮮半島で音写に用いていた文字から選んで、日本語の音韻に合致するように使用したのである。銘文に用いられた万葉仮名が、『日本書紀』に引用する古代朝鮮の固有名表記と一致するものが多い点についてはすでに明らかにされているところである（『稲荷山古墳出土鉄剣金象嵌銘概報』埼玉県教育委員会編、一九七九年）。そして、さらにワカタケルのケ甲類に「支」（キ甲類に相当）が用いられているが、イ段甲類音とエ段甲類音に区別がないのも、古代朝鮮語に母音のエに相当する音韻がなかったことに起因するもので、銘文の表記者が渡来人であったことを裏付ける。エ段乙類音は音声上の特徴から明らかに区別できたが、エ段甲類音はイ段甲類音と区別しにくかったものと見られ、『天寿国曼荼羅繡帳銘《てんじゅこくまんだらしゅうちょうめい》』にも「吉多斯比弥乃弥己等」（キタシヒメノミコト）とあって、ヒメ（姫）のメは甲類であるが、これにミ甲類と同じ「弥」が用いられている。このように、古代日本においては渡来人が書記活動にあたっていて、漢字の本格的な伝来という役割を担っていたのである。

日本漢文の黎明期――『江田船山古墳太刀銘』『隅田八幡宮人物画像鏡銘』

「臣」の読み方

『稲荷山古墳鉄剣銘』で、音仮名以外にも注目すべきものは、「乎獲居臣」の「臣」である。これは「其児名乎獲居臣」とあることから、血縁集団である「氏」ではなく、その集団に属する者としての「名」であって、「笠原直使《かさはらのあたいお》主《み》」などに見えるものと同じとされている。普通ヲワケノオミと読まれているが、そうだとすれば、「臣」はオミという訓で表記したことになる。しかし、これは本当に訓を表記したものであろうか。

　この鉄剣銘では、固有名は「意富比垝」をはじめとしてすべてが万葉仮名で表記されており、また、後世姓の名称ともなる「足尼」「獲居」も音仮名表記である。この「臣」が名の一部であれば、同じく音仮名で書かれるはずのものではなかろうか。「臣」を姓の一種と考え、名の下に記したとする説も、「足尼」「獲居」の音仮名表記から見て、この「臣」だけが訓による表記であると考えるには疑問が残る。この点については、すでに『稲荷山古墳出土鉄剣金象嵌銘概報』において、「笠評君名大古臣」（観音菩薩立像銘）などの「七世紀代の金石文にみえる『臣』の用法から考えると、カバネではなく、臣の原義は仕えるものの意であるので、むしろヲワケの謙称として用いられたものかもしれない」（二四ページ）という指摘がある。この所説のように「臣」は訓でオミを表すものではなく、臣下としての「臣」を意味するものと見るべきであろう。ただし、このような「臣」は一般的に上表文などでは「臣《しん》安《やす》万《ま》侶《ろ》言《もうす》」（『古事記』序）のように名の上に「臣」があるべきものであるから、これは変則的な位置にあることは事実であるが、「臣」は臣下の者が自分自身をへりくだって言う用法もあり、『漢書《かんじょ》』高帝紀「臣少好相人」の注に「張晏曰、古人相与語、多自称臣、自卑下之道也」ともある。

したがって、この銘文の「臣」は大王に対する謙譲的表現として用いられたもので、「ヲワケ臣、上祖、名はオホヒコ」「其の児、名はヲワケ臣。世々……」（または「其の児の名はヲワケ。臣、世々……」）のように解釈するのが穏当であろう。この銘文は漢文体そのものであって、固有名すなわち日本語だけを音仮名で表記したものと考えられる。それは、訓が未成立の段階であったことを示すものであろう。

これと同じころに製作された『隅田八幡宮人物画像鏡銘《すだはちまんぐうじんぶつがぞうきょうめい》』（和歌山県橋本市隅田町）について次に見ておく。

隅田八幡宮人物画像鏡銘

癸未年八月日十大王年男弟王在意柴沙加宮時斯麻念長泰遣辟中費直穢人今州利二人等所白上同二百旱所此竟

《訓読》癸未《きび》年八月、日十大王の年、男弟王、意柴沙加宮に在しし時、斯麻、長く泰《やす》らかならむことを念じ、辟中費直、穢人今州利二人等を遣して、白き上銅二百旱を取（原文「所」）りこの鏡を作（原文（「所」）らしむ。

《大意》癸未の年八月、日十大王の御代、男弟王がオシサカの宮にいらっしゃった時、斯麻が末長く泰平であることを祈念し、辟中費直、穢人今州利二人等を遣わして、銅二百旱でこの鏡を作らせる。

「癸未年」は「癸」を「矣」と解して「所此竟矣」と見る説もあるが、銘文における「・」の印が文頭を示すことから、「癸」で始まるものと見て問題なかろう（山尾幸久『日本古代王権形成史論』岩波書店、一九八三年）。そして、「斯麻」を百済の王の諱《いみな》であるとして、五〇三年に比定しておくことにする。

図４　隅田八幡宮人物画像鏡銘（和歌山県・隅田八幡宮所蔵）

「男弟王」の読み方

ところで、「男弟王」の「男弟」（ヲォト）を継体《けいたい》天皇の諱である「男大迹」（ヲホド）と同一視する説があるが、それは音韻上無理がある。「男弟王」は字義そのままに男子の弟の王と見るべきで、「男弟」は『漢書』に「子夫男弟歩広、皆冒衛氏」とあり、これは弟の意である。古くは妹も年下の意で「弟」（オト）と称したため、兄弟のうち年下の男を「男弟」ともいうのである。『日本書紀』神代下に「其《そ》の女弟《いろど》玉依姫《たまよりびめ》を将《ひき》ゐて」とあり、懿徳《いとく》紀二年条には「一に云はく、磯城県主《しきのあがたぬし》葉《は》江《え》が男弟《いろど》猪手《ゐて》が女《むすめ》泉媛《いづみひめ》といふ」という「男弟」の表記が見える。つまり、これは漢語であって、何らかの人名を表記したものと見るべき余地はない。また、「男」を「孚」とする説がある（山尾幸久、前掲書）。そうだとすれば、この字体は「季」の異体字と見るべきであろう。「季弟王」すなわち末の弟の王を指すもので、基本的には前述と同様、弟の王と見てよい。ちなみに、これを「乎弟王」と解する説もあるが、「乎」を音仮名でヲに、「弟」を訓でオトにあてるのは、時代がさらに下ってから発生する音訓交用表記になるため従うことはできない（後述参照）。

「辟中費直」の読み方

次に「辟中費直」であるが、「辟」字は通説では「開」と解読して「開中」でカフチ（河内）と読み、また「費直」はアタヒ（直）と訓読している。特に、後者は「直」をアタヒと読むことを確定するために「費」を添えたと解釈し、『日本書紀』欽明《きんめい》二十七年条の百済本記《くだらほんぎ》に「加不至費直《かふちのあたひ》」とあるのに等しいとされている。しかし、この河内直は親百済派の官人であるにせよ、斯麻が命令を与える立場にあるかどうか疑わしい。むしろ、この人物は百済の人と見るのが穏当ではなかろうか。そうすると、銘文の「費直」は姓の表記でもなく、また訓による表記と見る必要もない。この点は川口勝康（『書の日本史　第一巻』平凡社、一九七五年）が「開中・辟中のいずれであっても、これは百済の地名であって、河内直と考えることはできない」と述べている説を支持したいと思う。

そこで、まず「辟中」であるが、これは神功《じんぐう》四十九年三月条に全羅北道金提に比定される地名として見えるものに通じるかと思われる。仮に「開中」と解読したとしても、「開」は書紀歌謡にも見えるケ乙類を表す万葉仮名で、「中」は邑・州・城の意（日本古典文学大系『日本書紀』補注による）と解されるから、ケチウなどと音読すべきものであろう。いずれにしても百済の固有名を記したものと見るべきである。一方、『日本書紀』継体《けいたい》二十三年条に任那《みまな》の地名として「背伐」、一本に「費智」が見える。これは「発鬼」（敏達《びたつ》四年条）、「弗知鬼」（推古《すいこ》八年条）と同じ地名をさすもので、ホチ・ホチキ（現在の釜山・金海およびその周辺の地名）を表記したものである。「直」は「阿直岐」（アチキ）にも見える音仮名であって、ここでは二合《にごう》仮名（後述参照）としてチキと読むべきもので、銘文の「費直」は人名としてホチキを表したものと考えられる。

このように、「開中」をカフチ、「費直」をアタヒの訓と見る通説は再考の余地があり、この銘文においては、固有名の表記はすべて音仮名もしくは字音表記によっていることを確認しておきたい。いちおうの試訓を示せば、当該部分は「辟《へ》中《ちう》費《ほ》直《ちき》、穢《ゑ》人《にん》今《こむ》州《つ》利《り》二人等を遣して」などと解釈すべきもののように思われる。

「八月日十大王」

ところで、「八月日十大王」は通説では八月の日十、すなわち八月十日とされているようであるが、八月十日を「八月日十」と表記することは類例がない点、そして、『稲荷山古墳鉄剣銘』にも単に「大王」というのではなくワカタケル大王と記している点で、この「日十」は大王の名を表したものではないかとも考えられる。その読みについては、「十」は「下」に通ずるとして、「日下」は訓読してクサカ（＝允恭《いんぎょう》）とする説があるが（神田秀夫『古事記の構造』明治書院、一九五九年、五九ページ）、文字の上で無理がある。また、ヒソなどと読む説は訓仮名の成立を前提としており、六世紀初頭における訓および訓仮名は他に例がなく（後述参照）、訓によって読むという説には従いがたい。「日十」が人名であれば音仮名として読むべきであるが、それならばどのような読みが可能なのか。この点については、古代における万葉仮名の用法を概観したうえで改めて試案を示したいと思うので、後述に譲ることにする。

江田船山古墳太刀銘

『江《え》田《だ》船山《ふなやま》古《こ》墳《ふん》太《た》刀《ち》銘《めい》』（熊本県玉名郡菊水町出土）は、冒頭の判読不明の部分が『稲荷山古墳鉄剣銘』の出現によって、「獲加多支鹵大王」と解読すべきことが明らかになり、この銘文も五世紀後半ごろの製作であるということで、いちおうの決着を迎えた。

治天下獲加多支鹵大王世奉事典曹人名无利弖八月中用大鉄釜幷四尺廷刀八十練九十振三寸上好刊刀服此刀者長寿子孫洋々得三恩也不失其所統作刀者名伊太和書者張安也

《訓読》天下治しめしし獲加多支鹵大王の世に奉事《たてまつ》れる典曹人、名は无利弖、八月中、大鉄釜を用ゐて四尺の廷刀を幷《あ》はす。八十たび練り、九十たび振《う》つ。三寸上好の刊刀ぞ。此の刀を服する者は、長寿にして子孫洋々、三恩を得。その統ぶる所を失はず。刀を作る者、名は伊太和、書する者は張安ぞ。

図5　江田船山古墳太刀銘（東京国立博物館所蔵）

《大意》ワカタケル大王の御代にお仕えする典曹人《てんそうじん》（文官の一）であるムリテは、大きな鉄の釜で四尺の廷刀を作る。よく鍛えられた立派な刀である。この刀を帯《お》びる者は長生きをし、子孫もみなその恩をえて、立派な事業を受け継ぐであろう。刀を作る者は伊太和、書く者は張安である。

表記の面で言えば、従来は「蝮宮《たぢひのみや》弥《み》図《づ》歯《は》大王」などという読みが推定されていたが、「歯」を交えた音訓交用表記も、「蝮宮」という訓表記も否定されたのである。すなわち、固有名表記は音仮名によるべきことが明らかになった。また、冒頭の「治天下」はこれを訓読したものとする説もあるが、『孟子《もうし》』公孫丑《こうそんちゅう》上に「治天下可運之掌上」とあることから、漢語による表現であって、訓が先行していると考える必要はない。この銘文には「書する者は張安ぞ」とあるように、銘文の製作が渡来人の手になっていたことは明らかで、事柄は漢文によって記され、固有名、および人名の一種として意識された後世の姓の類（スクネ・ワケなど）が借音表記されるだけであった。

日本語表記の芽生え

このように、六世紀初めまでの日本語表記の黎明期《れいめいき》では漢文から逸脱することなく、人名（および姓の類）・地名の和語のみが音仮名表記されていて、訓はまだ用いられていなかったと見るべきである。

ただ、本格的な漢字の使用から数十年以上経ると、漢文表記も日本語の影響を受けるようになっていた。『江田船山古墳太刀銘』に見える「八十練」の刀という表現がその一例である。『東大寺山古墳太刀銘』の「百練」、『七支刀銘《しちしとうめい》』の「百練鋼七支刀」、『稲荷山古墳鉄剣銘』の「百練利刀」に照らすと、その表現は注目すべきであろう。その銘文が漢文体であることは明らかであるが、文章作成の発想に、記紀万葉に見える「百《もも》足《た》らず八十《やそ》」というような日本語の表現が絡んでいることは重要な点である。漢語には見ない「八十練」という表現自体が日本語をその背景として意識していることは明らかで、それは、漢語に対する和語（やまとことば）の意識の芽生えでもある。六世紀代に訓が成立する前夜のことである。

音仮名による音節表記

音仮名の展開――七世紀中葉までの金石文

日本語・中国語の音節構造

万葉仮名《まんようがな》のうち、漢字音に基づくものを音仮名《おんがな》（または借音仮名）、訓に基づくものを訓仮名《くんがな》（借訓仮名）とよんでいる。訓仮名については訓の出現を含めて後述することにして、ここではその音仮名の用法について整理しておきたい。

一口に音を借りると言っても、それにはさまざまなものがある。古音・呉音《ごおん》・漢音《かんおん》という、どのような字音体系に基づくものを借りるかということについては前述したので、ここではどのような音形をどのように借りるかという観点から見ることにする。
日本語の音節、たとえばカは、ka というように、子音の k と母音の a から構成されている。奈良時代以前の日本語には、拗音《ようおん》が存在せず、また「ん」に相当する撥音《はつおん》や、「っ」で書かれる促音《そくおん》もなく、基本的に一つの子音と一つの母音からなる単純な音節構造であった。これに対して、万葉仮名が借用した中国語原音の音節構造は複雑である。隋《ずい》・唐《とう》時代の中国語はおよそ次のような構造をもっていた。

たとえば「官」は kwan（これに平声《ひょうしょう》という声調が加わる）であって、頭子音 k、介音 w、中核母音 a、韻尾《いんび》 n からなる。これを古い仮名遣い（字音仮名遣い）ではクヮンとして日本語に取り込んでいる。そもそも日本語と中国語では子音および母音の数が異なる。したがって、もっとも類似している音にそれぞれあてるしかない。そして、最後に問題として残されるのは韻尾である。このような韻尾には、隋唐時代において、母音韻尾の i、u（これらを副母音ともいう）のほか、子音韻尾の m、n、ŋ (ng)、p、t、k があった。日本漢字音で、n 韻尾はイン（印）、t 韻尾はイチ（一）などと現れる類である。

音仮名用法の分類

クヮンのように子音で終わる音節を閉音節、カのように母音で終わる音節を開音節とよぶが、閉音節の言語である中国語は、子音韻尾を有する点で、開音節の言語である日本語と大きな差異がある。そこで、万葉仮名の音仮名用法を子音韻尾を中心に分類すると次のようになる。

無韻尾で一音節表記するもの（全音仮名）
字音の韻尾を省いたもの（略音仮名）
字音の韻尾を後続音節の頭子音によって解消するもの（連合仮名）
字音の韻尾に母音を添えて二音節相当にするもの（二合《にごう》仮名）
（春日政治『仮名発達史の研究』一九三三年、による）

『稲荷山古墳鉄剣銘《いなりやまこふんてつけんめい》』に見える万葉仮名は全音仮名が多いが、それ以外のものも見えている。

二合仮名――多加利足尼
連合仮名――乎獲居臣　獲加多支
略音仮名――半弖比（ハテヒと読むならば、半の韻尾nが省かれることになる）

「足尼」という表記は『稲荷山古墳鉄剣銘』発見以前でも古例として次のようなものが知られていた。

巷奇大臣名伊奈米足尼［ソガ（の）大臣、名（は）イナメ（の）スクネ］（『天寿国曼荼羅繍帳銘』）

新川臣児斯多々弥足尼［新川臣（の）児、シタタミ（の）スクネ］（『山名村碑』六八一年）

『天寿国曼荼羅繍帳銘《てんじゅこくまんだらしゅうちょうめい》』は『上宮聖徳法王帝説《じょうぐうしょうとくほうおうたいせつ》』に採録されているもので、七世紀前半のものとはにわかには信じがたいが（後述参照）、『稲荷山古墳鉄剣銘』に確認できることから、二合仮名の用法が五世紀に遡ることは明らかである。他方、「獲」は古音のワクに由来するもので、k韻尾は後続の「居」の頭子音kに解消された、すなわち同音によって吸収されたと解釈でき、連合仮名も同じく五世紀に遡る。

古音による万葉仮名

ところで、六世紀代の万葉仮名の資料は現状では極めて乏しい。一文字資料ではそれが万葉仮名か否か判断ができないため、二文字以上の資料となると、『陰田《いんだ》横穴墓群出土須恵器刻書』（鳥取県米子市陰田）が六世紀後半のものかと言われている。これには、「弥芰」とあって、「御酒《みき》」と解されている。古墳時代後期（六世紀後半）の横穴墓から発掘されたもので、直口壺の須恵器にヘラ書きされている。ただ、この刻書については、七世紀前半から中葉にかけてのものと見る説もあって、その年代推定に関しては微妙である。

推古朝以降七世紀中葉までの万葉仮名でも確実なものは少ない。従来推古朝遺文とされてきたものが、鍍金《ときん》が刻字の内に及ぶ、すなわち鋳造と刻字が同時であるものと、鍍金後に刻字する、すなわち鋳造より後に銘文が刻まれるものとが判別されたことで、推古朝の製作とは判断できないものがあることが明らかになった（以下、奈良国立文化財研究所『飛鳥・白鳳の在銘金銅仏』同朋舎、一九七九年、による）。これによって、『菩薩半跏像銘《ぼさつはんかぞうめい》』（丙《へい》寅《いん》年）や『観音菩薩立像銘』（辛亥《しんがい》年）などは当時のものであるが、『法隆寺薬師仏像銘』（丁卯《ていう》年）などは後に刻字されたということが判明した。

図6　陰田横穴墓群出土須恵器刻書
（鳥取県・米子市教育委員会所蔵）

そこで、七世紀中葉ごろまでの確実な例をみると、次のようになる。

阿麻古［アマコ］（『菩薩半跏像銘』
丙寅年＝六〇六年）

嗽加［ソガ］（『釈迦如来及脇侍像銘』
戊子《ぼし》年＝六二八年）

左古臣　布奈太利古臣　□古臣［サコ

臣　フナタリコ臣［□コ臣］（『観音菩薩立像銘』辛亥年＝六五一年）

伊之沙古　汙麻尾古［イシサコ　ウマミコ］（『光背《こうはい》』戊午年＝六五八年）

ただ、そこでは古音の例がさほど多く挙例できないので、いわゆる推古朝遺文からその典型的な古音の万葉仮名を補っておくことにする。

阿米久尓意斯波羅支比里尓波弥己等［アメクニオシハラキヒロニハ（の）ミコト］（『元興《がんごう》寺《じ》縁起《えんぎ》』元興寺露盤銘《ろばんめい》）

止与弥挙奇斯岐移比弥天皇［トヨミケカシキヤヒメ天皇］（『元興寺縁起』元興寺丈《じょう》六《ろく》釈迦仏光背銘）

巷奇大臣名伊奈米足尼［ソガ大臣、名（は）イナメ（の）スクネ］（『天寿国曼荼羅繡帳銘』）

右の「巷」「奇」「移」「里」などがそれである。

このころのものとして、福岡県太宰府市の宮ノ本遺跡から出土した須恵器刻書がある。

已止次止

これはヘラ書されたもので、七世紀半ばごろのものと見られている。普通にはイトシトと読まれているようであるが、古くは「已」はヨ乙類の仮名であって、ヨトシトと読むべきものであろう。「阿利斯等」（『日本書紀』継体紀二十三年是歳条）などに照らすと、人名と見るのが穏当であろう。「次」は『稲荷山古墳鉄剣銘』にすでに見られるものであるが、『日本書紀』に「州利即次《つりそし》将軍」（継体紀十年九月条。ただし、同七年六月条「州利即爾《つりそに》将軍」）、「固徳馬次文《ことくめしもん》」（欽明紀十年六月辛卯条。ただし、同十一年二月庚寅条「固徳馬進文」）などとあるように、いずれも百済人の名に用いられていることから、前記の須恵器刻書も百済系の工人によるかとも考えられる。右の史料によって、この時期、地方において古音に基づく音仮名が用いられていたことがわかる。ただ、このような古音は中央においても、七世紀中葉の例とされるものとして、伝飛鳥板蓋宮《でんあすかいたぶきのみや》遺跡出土木簡の「須弥《すみ》酒」「田部加《か》尼《ね》」、難波宮《なにわのみや》跡出土木簡の「伊加比《いかひ》」「支多比《きたひ》」などが見え、これらの使用字母も古代朝鮮のものと共通している。

そして、七世紀後半でも引き続きその使用が見える。

丁丑年十二月次米三野国　加爾評久々利五十戸人／物部古麻里（飛鳥池遺跡出土木簡）

（丁丑年〔六七七〕十二月、次の米、三野国加爾評久々利五十戸の人、物部古麻里《こまろ》）

右のようにコマロの口を「里」で表記した例があり、また北大津遺跡出土木簡にも、

誈阿佐ム加ム移母　［アザムカムヤモ］（七世紀後半）

ヤに「移」を用いる例があるなど、その使用は実用的な書記の世界では根強く行われている。

呉音による万葉仮名

これに対して、次第に呉音という新たな字音体系の普及によって、たとえば「乃」「止」の使用に代えて新たな「能」「等」の使用が始まる。七世紀後半の天武朝に表記されたと見られる『万葉集』柿本人麻呂歌集には山の名ノトカノヤマを「能等香山」（巻十一・二四二四）というように、古音に基づく「乃」ではなく「能」で、「止」ではなく「等」で表記される例が見える（五六ページ参照）。ちなみに、「能」の使用の最も古い例は『船王後《ふねのおうご》墓誌』（「戊辰年」〈六六八年〉の年記がある）に見えるが、これは追葬したもので、当時のものとは認められない（奈良国立文化財研究所飛鳥資料館編『日本古代の墓誌』同朋舎、一九七九年所収の東野治之「各個解説」）。また、「等」もこれまで推古朝にも使用されていたかのように考えられてきたが、それは疑問である。『上宮聖徳法王帝説《じょうぐうしょうとくほうおうていせつ》』に見える『天寿国曼荼羅繡帳銘』に「等」が多く見え、ト乙類には「等」が専用されている。しかし、そのうち、「蕤奈久羅乃布等多麻斯支乃弥己等」「ヌナクラノフトタマシキノミコト」の「布等」は〈太〉の意で、このフト〈太〉のトは正しくはト甲類であるべきであるが、「等」はト乙類であって、上代特殊仮名遣いに反する。このことから、後世（あるいは編纂時において）書き写す際に、もともと「止」であったものを「等」に改め、その時に、誤ってフトのト（ここにはもと「刀」が用いられていたか）をも「等」に書き改めたように推測される。すなわち、『天寿国曼荼羅繍帳銘』の現存本文は「斯帰斯麻天皇」というように「天皇」号の使用だけでなく、万葉仮名の使い方からも推古朝より相当新しい時期の要素が含まれていることに注意しなければならない。

古音系の万葉仮名を積極的に排除しようとする姿勢は人麻呂歌集に顕著であって、天武朝においては呉音系の新たな音仮名体系を積極的に採用するという表記の革新があったものと思われる（後述参照）。そして、五・六世紀代の渡来系の音仮名に代わる新たな音仮名の枠組みが整備されていくのである。

二合仮名の由来――「足尼」と飛鳥池遺跡出土「字書木簡」

二合仮名の用例

二合仮名の用例を『稲荷山古墳鉄剣銘』以後で見ると、日本人の名の表記ではないが、『隅田《すだ》八幡宮《はちまんぐう》人物《じんぶつ》画《が》像《ぞう》鏡銘《きょうめい》』に「今州利」「コムツリ」とある。さらに七世紀では次のようなものが見られる。

薬師徳保（「徳保」はトコホ　『法隆寺四天王像銘』　六五〇年ごろ）

旦波博士（「旦波」はタニハ　西河原森ノ内遺跡出土木簡　六八二年以前か）

大弁官直大弐采女竹良卿（「竹良」はチクラ　『采女氏塋域碑』　六八九年）

出雲国若倭部臣徳太理（「徳太理」はトコタリ　『鰐淵寺金銅観音菩薩造像記』　六九二年）

また、『日本書紀』の百済関係資料には次のような例が見える。

職麻那那加比跪［チクマナナカヒコ］（神功紀四十七年四月条　百済記の引用中）＝千《ち》熊長彦《くまながひこ》

筑紫［ツクシ］　各羅［カカラ］（武烈紀四年是歳条　百済新撰の引用中）＝筑紫・加唐《かから》島（ツクシは欽明紀十五年十二月条に「竹斯」とも見える。ちなみに、「竹斯」は『北史』『隋書』倭国条にも見える）

『百済記』『百済新撰』などは持統朝以降に成立したものかといわれているが、このような二合仮名の用法は古代朝鮮から伝わったものであることは疑いない。古代朝鮮の言語はいずれも閉音節の言語であり、その子音語尾をできるだけ表記しようという姿勢が見える。

筑足流城〈或本云都久斯岐城〉（雄略紀八年二月条）

「筑」は「達句」のtuk, takに相当し（今の大邱《テグ》かという）、「足流」はsu-kurの音訳で村落の意味という（日本古典文学大系『日本書紀』上、四七八ページ）。suku の表記に「足」

を用いるのは『稲荷山古墳鉄剣銘』の「足尼」の二合仮名の使用に通じる。

二合仮名の由来

このように、古代朝鮮において、閉音節の表記に特別の配慮がなされていることは明白である。これらの表記法は百済関係資料だけの特殊な表記ではなく、金石文《きんせきぶん》や『三国史記』などの諸例から見て、古代朝鮮において一般に行われていたものである。そして、その表記原理が五世紀の日本でも用いられたことは、『稲荷山古墳鉄剣銘』において、所用の万葉仮名が『日本書紀』所載の古代朝鮮固有名などの表記に用いられた音仮名と著しく一致する点、さらには「足」の二合仮名が用いられている点などからも明らかである。

ただ、二合仮名・連合仮名の用法は古代朝鮮における創始ではなく、古代中国において梵語《ぼんご》を漢訳する際などに用いられたもの（前記一八ページ参照）であることは、大野透『萬葉仮名の研究』（明治書院、一九六二年、四三七ページ）に述べられているとおりであろう。梵語を漢字で表記しようとした原理は、古代朝鮮で高句麗・新羅・百済の言語を、そして古代日本で日本語を漢字で表記するための原理ともなったのである。

二合仮名が全音仮名などと同時に、日本語音韻の表記に用いられたことは、日本語の音韻表記に重要な意義を持つにもかかわらず、これまであまり重要視されてこなかった感は否めない。それは、使用例も少なく、やや技巧的な用法であるという印象が強く、また、日本語の音節構造から見て二合仮名は臨時的なものであるというように、漠然と考えられてきたからであろう。

末尾子音の開音節化

二合仮名の起源となる子音韻尾の利用は、古代朝鮮ではその固有の音韻を表記するために積極的に行われている。日本語表記でもそれを継承しており、『稲荷山古墳鉄剣銘』の「足尼」のように、「足」の子音韻尾に添えた母音がuであることは注意される。これは、前記の百済関係資料など、末尾子音に多くi、uが添えられていることを考えると、聞こえ（sonarity）の小さい母音（その聴覚印象が明瞭である順序として、a＞o＞e＞u＞iとなる）が選ばれるという一般原理に由来するとともに、古代朝鮮における開音節化の表記原理に影響されたものであろう。このような開音節化による表記として前掲と同じ百済関係資料に次のようなものが見える。

宇流助富利智干（神功紀摂政前紀）

「宇流」は『三国史記』巻四五に見える「于老」に相当し、「舒弗邯」の地位にあった者で、このur-spurkanを表記したものが「宇流助富利智干」であるという。なお、「智は官名・人名の付加語尾ないし敬辞・美称」と説かれている（前掲『日本書紀』上、六一四ページ）。神功紀五年三月己酉条の「汙礼斯伐」と同一人か）。ここでは、子音が音節化されて、rは「流」、sは「助」、rは「利」で表記されているのである。

大臣伊梨柯須弥（皇極紀元年二月丁未条）

「伊梨柯須弥」は、『三国史記』などに見える「泉蓋蘇文」の音訳で、「泉」は唐の高祖の諱を避けたもので、もとは「淵」であり、この「淵蓋蘇文」の原音irkasumに相当するという（前掲『日本書紀』下、二三八ページ）。ここでは、rが「梨」、語末のmが「弥」（ミ）で表記されている。

このような、「利」「梨」「流」がrと、「助」がsと、「弥」がmと等価値的であるという意識に支えられて、日本語表記においても／スク／を／suk／（足）で表わすことは自然な成り行きであったと考えられる。開音節の構造を持つ日本語では、「足」はsuku（soku）という発音としてはじめて安定するのである。すなわち、二合仮名は特別なものではなく、むしろ漢字を利用する上での必然的な用法であった。

二合仮名は地名表記に「相模」「信濃」「筑波」「讃岐」などとも見える。「相模」の

「相」は子音韻尾がŋであって、サに続き同じ母音のaを添えてサガにあてたものである。「当麻」を現在ではタイマと読むが、これはタギマのギがイ音便化したものであって、「当」も子音韻尾がŋであって、これにiをそえてタギにあてたものである。また、「信濃」は「信」の子音韻尾のnに母音aを添えたもので、多くは中核母音と聞こえが同じか、それよりも聞こえの小さい母音が添えられるなかで、やや特異なものである。

子音韻尾の転用

二合仮名がその韻尾と異なる音節に当てられた場合もある。「平群」「播磨」「群馬」の「群・播」などがそれで、また、藤原宮跡木簡にも次のような例が見える。

・伊看我評
・芎窮八斤

この「伊看我」はイカルガ（丹波国何鹿郡）であって、「看」はカルにあてられている。このように子音韻尾nが同じ舌音の「リ・ル」で表記されたのは、ヘグリのグリに「群」、ハリマのハリに「播」、クルマのクルに「群」をあてることと共通するものである。これは、前記の「伊梨柯須弥」が原音irkasumを音写したもので、「淵蓋蘇文」とも書かれたとすれば、irは「淵」（エン）に対応するものとなり、nとrの対応は古代朝鮮に遡ることができよう。ただし、李基文『韓国語の歴史』（藤本幸夫訳、大修館書店、一九七五年）では、『三国史記』の「泉井郡一云於乙買」の例を引き、「泉」は「於乙」（*er）であるとして、irとの関係を説いている。この説に従えば、nとrの対応例とならないが、子音韻尾のこのような特殊な扱いは古代朝鮮の用字法に由来することは疑いない。

そして、このように調音点が近い場合、唇音のm韻尾を同じ唇音のbiにあてて「淡等」（大伴旅人《たびと》の名の漢風表記）、舌音のn韻尾を同じ舌音のdiにあてて「但馬［タヂマ］」「丹比［タヂヒ］」と表記することも行われるようになったのである。

子音韻尾をもつ字音の把握

二合仮名が日本語の音節表記において重要な役割を果たしていることは上述のように明らかであるが、これは字音に対する伝統的な把握のしかたに基づくものであって、その具体的な例が飛鳥池遺跡から出土した、いわゆる「字書木簡」（八世紀初頭）に端的に示されている。

・熊汙吾羆彼下匝ナ布恋□尓蔦上横詠営詠
・蜚皮伊尸之忤懼

まず、「熊」は呉音ウであるが、喉内撥韻尾ŋを有するものであって、これを頭子音にŋをもつ「吾」であらわしたものである。「吾」は「奴」「都」などと同じ韻（模韻）をもつ

図7　飛鳥池遺跡「字書木簡」（奈良文化財研究所所蔵）

ことから、呉音（または古音）ではグであったと見られる。これは、前述のように子音韻尾にuを添えるという原則に適っている。すなわち「汗吾」で字音ウグを表すのである。ただし、平安時代にŋ韻尾を「グ」で表記した例はないが、それがかえって忠実に韻尾を表記しようという古い表記法を浮き彫りにしている。「匝」は「左」の省画の「ナ」と、子音韻尾pを表した「布」で「サフ」、「恋」は一字目が「累」のような字であって、そのままではレンとは結びつきにくいが、子音韻尾についてはnを「尔」で表した「□ニ」と読める（このような「―フ」「―ニ」の表記は平安時代に受け継がれていく）。この木簡では、子音韻尾の字音をそれぞれ二合仮名に相当する表記で表しているのである。

字音において、子音韻尾が明瞭に把握されていることは、日本語のみならず、古代朝鮮語でも同様であり、そのような伝統的な把握のしかたが二合仮名（および連合仮名）によって継承されてきた側面を物語るように思われる。七世紀以前において、字音の有韻尾に対して敏感であったというよりも、むしろ子音韻尾の漢字音は基本的に二合仮名として把握されていたという事実を如実に示すものである。

連合仮名と略音仮名――「半弖比」をめぐって

連合仮名　次に、連合仮名と略音仮名の系譜を少したどってみることにする。『飛鳥・白鳳の在銘金銅仏』『日本古代の墓誌』によって、金石文の年代の確定する例を見ると、連合仮名は七世紀前半にも確認できる。

　嗽加大臣（『法隆寺釈迦如来及脇侍像銘』六二八年）

「嗽」は子音韻尾のŋを有しており、一方、古代日本語のガ行子音は鼻濁音のŋであったと見られるから、その子音韻尾は後続のガ行の子音に解消されている。逆に言えば、これは本来清音の「加」を「嗽」の子音韻尾によってガと読むべきことを意味している。

　ちなみに、「天皇」号の使用を含む史料には次のような例が見える。

　巷奇大臣名伊奈米足尼女吉多斯比弥乃弥己等（『天寿国曼荼羅繍帳銘』）

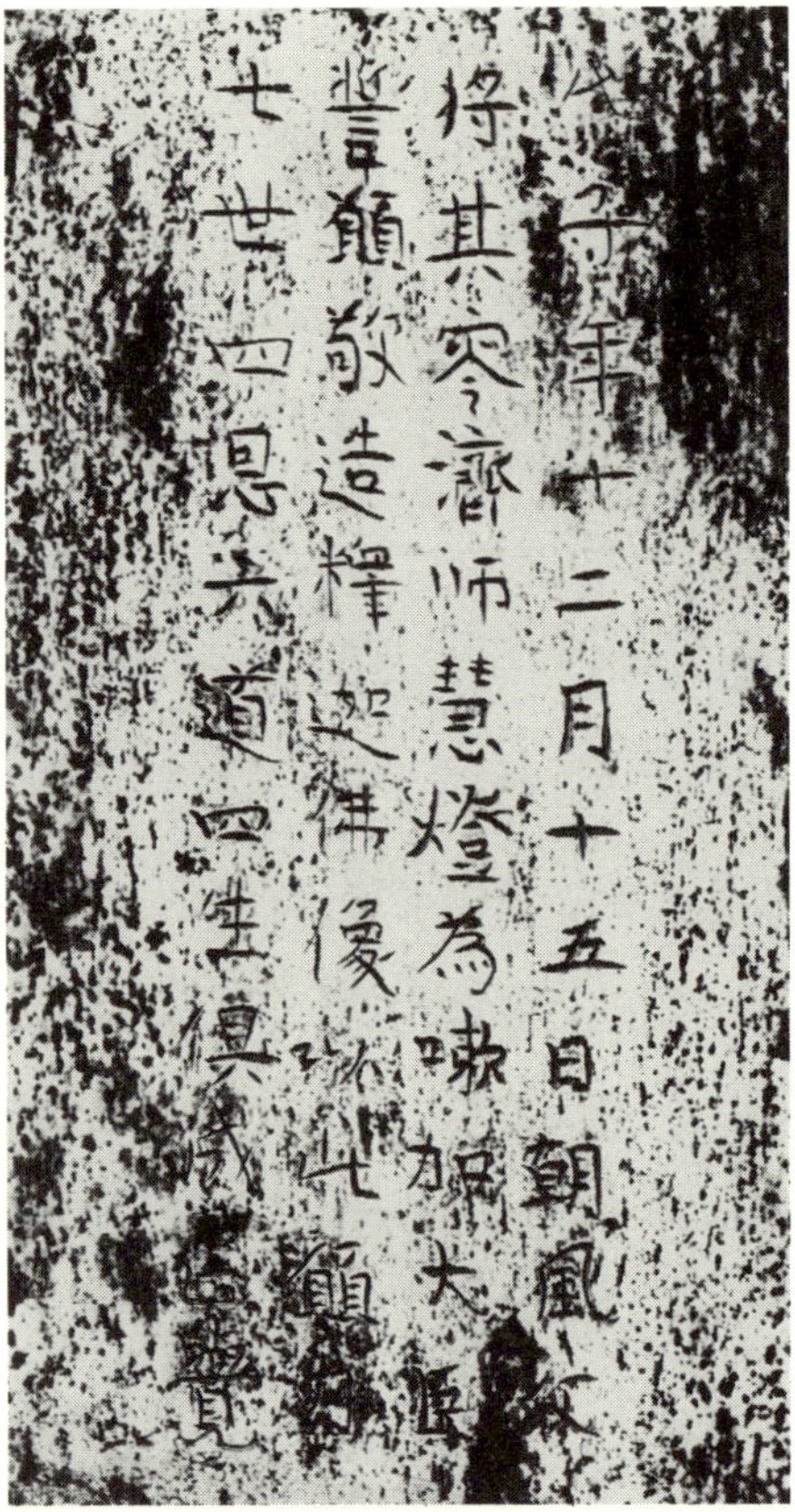

図８　法隆寺釈迦如来及脇侍像（奈良県・法隆寺所蔵）

［「巷奇」はソガ、「吉多斯比弥乃弥己等」はキタシヒメノミコト］

巷奇名伊奈米大臣（『元興寺縁起』元興寺丈六釈迦仏光背銘）

巷宜名有明子（『元興寺縁起』元興寺露盤銘）［「有明子」はウマゴ］

「巷」は子音韻尾としてŋを持つものであるが、「宜」（ガ）の頭子音ŋに解消されている。

また、「奇」は次のようにもともと清音カを表すものであるが、

止与弥挙奇斯岐移比弥天皇〔トヨミケカシキヤヒメ天皇〕（『元興寺縁起』元興寺丈六釈迦仏光背銘）

「巷奇」の場合、前記の「加」と同様、濁音のガを表すものとして「巷」の子音韻尾ŋが後続の頭子音に解消されたと見られる。「明」も同じく、子音韻尾ŋが「子」（この場合連濁してウマゴとなるのであろう）が表す音節ゴの頭子音ŋに解消されたものと考えられる。つまり、蘇我馬子は名をウマゴと読むべきであろう。また、「吉多」は「吉」の子音韻尾tが後続の「多」の頭子音tに解消されている。これらの万葉仮名はいずれも連合仮名として用いられたものと見て問題がない。

このような表記の例は時代が下る『万葉集』や『古事記』などにも見られるもので、

品牟都和気命〔ホムツワケ命〕（『古事記』中）

伊田何極太甚利心及失念恋故（『万葉集』巻十一・二四〇〇）

（いで何かここだはなはだ利心の失するまで念ふ恋ゆゑにこそ〈人麻呂歌集略体歌〉）

前者は「品」（呉音ホム）の子音韻尾mを後続の「牟」の頭子音mに解消したもの、後者は「田」の子音韻尾nを後続の「何」（ナニ）の頭子音nに解消したものである。

また、同一の子音ではなく、次のように、

安治村十依海船浮白玉採人所知勿（巻七・一二九九）

（あぢ群のとをよる海に船浮けて白玉採ると人に知らゆな〔人麻呂歌集略体歌〕）

「安」の子音韻尾nがダ行の「治」（ヂ）に続いている例があるが、これはダ行の子音もガ行と同じく鼻音性を有しており、中世以前では「だ」はンダという発音に相当するものであった。したがって、子音韻尾nは後続のndというような頭子音に解消されているのである。これに類似のものが「南」の子音韻尾mの場合にも見られる。

対馬能禰波之多具毛安良南敷可牟能禰尓多奈婢久君毛乎見都追思努波毛（巻十四・三五一六）

（対馬の嶺は下雲あらなふ可牟の嶺にたなびく雲を見つつ偲ぶはも〔東歌〕）

「南」に後続する「敷」はフの音仮名で、東歌つまり奈良時代の東日本ではハ行子音はpであったため、その唇音に続く形で「南」の子音韻尾mが解消されたと解釈される。つまり、pを発音する際には一旦唇を閉じる、それがmに相当するわけである。

このように、連合仮名は奈良時代以前ではかなり注意深く用いられていた形跡がある。

略音仮名

一方、このような子音韻尾を省略したのが略音仮名であるが、これはいつごろから見られるのであろうか。そこで、まずは百済関係資料についてみておく。

佐知村飼馬奴苦都〈更名谷智〉（欽明紀十五年十二月条）

これは、後文に「一本云」に「谷知」とも見えるものであるが（同条）、コツ（苦都）はコクチのク（もしくは子音k）の音韻脱落の表記であろう。つまり、「苦都」はコツ、「谷智」「谷知」はコクチであって、「谷」を韻尾のkを省略した表記と見ることはできない。また、次の「費智」はホチで、ホチキの語末キ（もしくは子音k）の音韻脱落であり、一方「発鬼」はホチキのままで二合仮名の例と認められる。

費智（継体紀二十三年四月是月条　「一云」の引用中）

発鬼（敏達《びだつ》紀四年六月条）

弗知鬼（推古紀八年是歳条）

ただ、このような音韻脱落によって略音仮名が成立するという可能性も考えられなくもないが、史料の上では渡来系の表記に略音仮名は現在のところ見られない。

国内史料に目を転じると、「戊辰《ぼしん》年」（六六八年）の年記を有する『船首王後墓誌』に次のように見える。

安理故能刀自「アリコノトジ」

ただし、この史料は闕字《けつじ》や「官位」という語などから見て、天武朝末年から八世紀初頭のものとされていることから、ŋ韻尾を有する万葉仮名「能」の略音仮名の古例は右の年記より下ることになる（「安」の韻音nについては後続の「理」の頭子音rにその調音点の近さによって解消されていると見てよい）。そこで、「乃」の使用に代えて新たな「能」の使用が始まるということで、前に例示した『万葉集』の柿本人麻呂歌集を見てみよう。

紐鏡能登香山誰故君来座在紐不開寐（巻十一・二四二四）

（ひもかがみ能等香の山の誰が故に君来ませるに紐解かず寝む［ノトカはナ解キ〈解くな〉にかけたもの］）

山の名ノトカノヤマを「能等香山」と表記しているが、この「能」の子音韻尾ŋに続くのはトであって、子音韻尾は省略されていると見る以外にない（「等」もŋ韻尾を有するものので、ここでは略音仮名である）。これは、後に詳しく述べるが、柿本人麻呂歌集の略体歌に分類されるもので、「庚申年《こうしん》」（六八〇年）を下限とする非略体歌の成立に先立つものと考えられている。したがって、右のような略体歌は六八〇年以前のものと想定することができる。そもそも、人麻呂歌集略体歌は、古音の「乃」を排して呉音の「能」を積極的に用いようとしたものであって、それ以前の表記原理とは根本的に異なる。それは、古音に基づく表記原理を否定したところに由来するものであり、同時に略音仮名の使用も旧来の表記法から逸脱した、日本語音韻を優位とする新たな表記原理の試みであったと位置づけられよう。

「半弖比」の読み方

このように、略音仮名としての用法が七世紀第4四半世紀ごろに至って初めて認められるということは、子音韻尾をもつ万葉仮名が古くは二合仮名もしくは連合仮名として広く行われていたことを示すものである。この点を考え合わせると、『稲荷山古墳鉄剣銘』の「半」を略音仮名のハと見ることには従いがたい。

其児名半弖比

この「半」は子音韻尾nをもつ字であって、通行のように「半弖比」をハテヒと読むならば、「半」は略音仮名ということになる。しかし、同じく子音韻尾を有する「獲」が連合仮名として用いられているのであるから、この「半」も連合仮名として扱うのが穏当である。

ところで、『日本書紀』を見ると、次のような人名が見える。

膳臣巴提便（欽明紀六年三月条）

「巴提便」は『釈日本紀《しゃくにほんぎ》』古訓および『日本紀竟宴和歌』（延喜六年）によって「ハスヒ」と読み慣わされている。しかし、「提」は清音テにも用いられるが、多くは『那須直韋提碑』（七〇〇年）などに見えるように濁音デの仮名である。「巴提便」はハデヒの表記であり、それが名として上代に存在した可能性が高い。したがって、「半」はその子音韻尾nを人麻呂歌集略体歌の「安治」と同じく後続するダ行音の子音（nd）によって解消した連合仮名であり、「半弖比」はハデヒを表記したものと見るべきである。

「日十」の読み方

このような二合仮名・連合仮名の用法をふまえて、前に保留しておいた『隅田八幡宮人物画像鏡銘』の「日十」が「（八月）十日」の意ではなく、大王の名であるとすれば、どのような読み方が想定できるか次に考えてみたい。

まず「日」をみると、横に長い字体でもあることから、これは「曰」（呉音ヲチ、漢音ヱツ）である可能性が高い。「曰」は欽明十四年正月条に「前部施徳曰佐分屋」（ヲサは百済の姓か）に万葉仮名の例が見え、渡来系の音仮名として認められるものである。他方の「十」はこれをジフの音借と見て、「曰十」をヲシとする説がある。しかし、それでは「十」の子音韻尾pを省略した略音仮名になり、そのような用法をこの時期に認めることはできない。そこで、「曰十」が音仮名であり、しかも省文でないとして、それぞれ一つずつにばらしてその音の可能性を探ってみることにする。

「曰」は子音韻尾tを持ち、二合仮名ならばヲタ、ヲチ、ヲツ、ヲテ、ヲトの可能性がある。また、連合仮名ならば後続のタ行音に続くか、前記「曰佐」のようにサ行音に続くかであろう（古い時代のサ行子音は破擦音tsであった可能性があり、サはツァのような発音であったかと見られている。有坂秀世『上代音韻攷』三省堂、一九五八年）。「十」は呉音ジフであるが、『釈迦如来及脇侍像銘』で「加」がソガのガに用いられていたように、清濁の区別は必ずしも厳密でなかったとすれば、二合仮名としてシハ、シヒ、シフ、シヘ、シホとなろう（後続の語との関係で連合仮名とはなりにくい）。そうすると、たとえば「曰」を連合仮名と見てヲシヒと読むことができる。このヲシヒは、『上宮記』逸文に継体の父系に連なる「乎斯王」「乎非王」の名が見えることから、あるいはヲシおよびヲヒというように二つに分解されたものに相当するとも考えられる。

また、同銘文で「同（＝銅）」「竟（＝鏡）」という省文が見えるように、かりにこの「十」が「計」（ケ甲類）の省文だとすれば、ただ、これが省文である可能性について今のところ検証できていないが、「ケ」と読める。筆者は「曰十」をヲケとして、『日本書紀』に「弘計《おけ》天皇」とある顕宗《けんぞう》に比定できる可能性を探ったことがあるが、それでは、「曰」

が略音仮名になるので、この説には少々無理がある。そこで、ヲタケ（タケ〈武〉のケは甲類）であれば「曰」は二合仮名となり、「大泊瀬稚武天皇」（雄略）と対になるような「小武」（たとえば大小の対として「小泊瀬稚鷦鷯天皇」〈武烈〉が見えるように）という読みも考えられなくもない。

現時点では成案を得ず、音仮名の表記から考えられる可能性を列挙するにとどまらざるをえない。今後の新たな発掘に期待するとともに、後考を俟《ま》ちたいと思う。

黎明期の和文

和文の成立

訓の成立——『岡田山一号墳鉄刀銘』

最古の訓の確例

現在のところ、最古の訓の確例は『岡田山一号墳鉄刀銘』（島根県松江市大草町）である。

各田マ臣□□□素伯大利刀

古墳は六世紀第3四半世紀ごろの築造で、円頭大刀の製作は六世紀第3四半世紀ごろ以前と言われている。銀で象嵌《ぞうがん》された銘文は欠損や剝落があって、その一部しか確認できないが、一八文字以上記されていたかと見られている。そこに「各田マ臣」と確認できる表記が見える。「各」は「額」の省文で訓のヌカを、「田」は訓のタを、「マ」も「部」の省画（この場合旁《つくり》を残し、篇《へん》を省いたもの）で、訓のベを表すもので、「額田部臣」すなわちヌカタベノオミという固有名であることがわかる。「額田部臣」は『出雲国風土記《いずものくにふどき》』の大原郡の条に、「額田部臣押嶋」「額田部臣伊去美」の従兄弟どうしの名が見えるが、これらは銘文に記す「各田部臣」の末裔《まつえい》であろう。この「額田部」は額田部皇女（のちの推古天皇、五五四年誕生）の名代であると考えられる。そして、「臣」という姓に相当する表記も、『出雲国風土記』の記載から見てオミという訓を表すものと見てよかろう。また、「素伯」の「伯」は「白」に通じることから、照り輝く意の吉祥句《きっしょうく》である蓋然《がいぜん》性が高く、銘文全

図9　岡田山一号墳鉄刀銘「額田部」（島根県・六所神社所蔵）

体の文意は依然不明であるが、おそらく漢文体であると見られる。

ここでは漢文脈に合わせて固有名も漢風にその字義に即して書き表すことに重きが置かれているとも考えられるが、いずれにせよ、『稲荷山《いなりやま》古墳《こふん》鉄剣銘《てっけんめい》』などに見えるような音仮名によるのではなく、漢字の訓によって固有名が書き記されていることは革新的である。漢字が表語文字である以上、その字義を介して和語（やまとことば）と対応するのは必然的なことである。それは漢字と日本語の有機的な強い結びつきを背景としたものであり、漢字の日本における定着度を示すものでもある。

前記の例につぐものは推古朝遺文であるが、「天皇」号が天武・持統期に下るという説に従えば、その表記を有する『元興寺《がんごうじ》露盤銘《ろばんめい》』や『天寿国《てんじゅこく》曼荼羅《まんだら》繡帳銘《しゅうちょうめい》』なども六世紀末から七世紀前半の史料とすることができないため、それらは考察の対象から除外しなければならない。そうすると、いわゆる推古朝遺文では『伊予道後温泉碑』（五九六年）にカヅラキノオミを「葛城臣」と表記したのが古い例としてあげられるが、この碑文も『伊予国風土記』逸文として伝わるもので、確実なものとは必ずしも言いがたい。つまり、仮に銘文や碑文の原文が推古朝において成立していたとしても、そこに音仮名で表記されていたものが後に訓で書き改められた可能性が排除できないからである。

そこで、「各田部」につぐ訓の確実なものとしては、『菩薩《ぼさつ》半跏《はんか》像銘《ぞうめい》』があげられよう。

菩薩半跏像銘

歳次丙寅年正月生十八日記高屋大夫為分韓婦夫人名阿麻古願南无頂礼作奏也

図10　菩薩半跏像銘（東京国立博物館所蔵）

《訓読》歳、丙寅に次る年の正月生十八日に記す。高屋大夫、分れにし韓婦夫人、名をば阿麻古とまうすが為に、願ひ南无頂礼《なむちょうらい》して作り奏す。

《大意》丙寅年正月十八日に記す。高屋大夫が、死んだ妻のアマコのために仏に願い、ひれ伏して仏像をお作り申しあげる。

「丙寅《へいいん》年」は六〇六年、六六六年の可能性があるが、その仏像の様式から見て六〇六年の可能性が高いとされている。この「高屋」は古市《ふるいち》郡（現羽曳野《はびきの》市）古市を本貫とする高屋連のことではないかと考えられ、タカヤという訓を表記したものであろう。また、「作奏」の「奏」についても、この時代には末尾に「……と奏す」というように表現する銘文が他に見えないことから、「……申し上げる」の意で、マウスの補助動詞としての用法と認められる（佐藤喜代治『日本文章史の研究』明治書院、一九六六年、八一ページ）。いずれも訓と見て間違いない。

訓の成立とその背景

推古朝以前においては訓の確例となるものは非常に少ないが、六世紀中葉以前には訓が成立していたことは疑いない。

ちなみに、野々井二五号古墳（大阪府堺市）から出土した須恵器《すえき》の刻書に次のような漢字らしい符号が見える。

「門□」「□尻方」「□林右」

「門出」「尻方」は漢語的ではないことから、あるいはカドデ・シリヘを意味するのかもしれない。そうすれば訓を背景としていることになるが、ただ、これらは断片的であって必ずしも確例とは言いがたい。また、須恵器の製作時期についても五世紀末かと推定されてはいるが、伴出した須恵器には七世紀代までのものも含まれている。したがって、しばらく参考に供するにとどめておく。

ところで、六世紀初めの継体朝では、百済との学問の交流があったことが知られる。継体七年（五一三）に、百済が五経博士の段楊爾《だんように》を奉る（六月条）。継体十年（五一六）には、五経博士として段楊爾に代わって漢高安茂《あやのこうあんも》が来朝する（九月条）。これによって百済の儒学が日本でも行われるようになり、おそらく新たな古音系の字音体系もこれらを契機として移入されたものと見られる。そして、欽明十三年（五五二）には、百済の聖明王が釈迦仏金銅像一軀、幡蓋《ばんがい》若干、経論若干巻を献上するのである（十月条）。ただし、『上宮聖徳法王帝説《じょうぐうしょうとくほうおうたいせつ》』『元興寺縁起』では、仏教の公伝を戊午《ぼご》年すなわち宣化《せんか》三年（五三八）のこととしている。いずれにせよ、個人の信仰としてはこれに先立って仏教が伝えられていたことは疑いなく、六世紀初頭には私伝があったと考えてよかろう。

欽明十五年（五五四）には、百済が五経博士として王柳貴《おうりゅうき》に代えて固徳《ことく》馬丁安《めちょうあん》を、僧においても道深《どうしん》らに代えて曇慧《どんえ》などを来朝させている。そして、医博士・易博士・暦博士・採薬師・楽人なども百済から渡来した（二月条）。欽明朝において、儒学・仏教・医学などの移入が整えられ、渡来文化との接触が日本における文字表記に大きな影響を与えたことは想像にかたくない。

『岡田山一号墳鉄刀銘』に「各田部臣」と記されたのがこのころである。大阪府茨木《いばらき》市の総持寺遺跡から出土した六世紀前半と見られる須恵器には「調」、そしてその下に「瓫」と推定される文字が記されているが、税制の問題は措《お》くとして、この表記もあるいはツキ・へ（「玖訶瓫」允恭記）を書き記したものかもしれない。もちろん、これも断片的であって確例とは言いがたいが、和語を意識していたとも考えられる。

このように、六世紀中葉には訓が成立していたという背景として、学問・仏教の移入があったと見るべきであろう。漢籍・仏典は伝来当初は漢文すなわち中国語のまま読まれ理解されていたであろうが、次第に日本語による理解行為が増えるに従って、翻訳を通して和語が意識されるようになるのも自然である。そして、個別的な一回性のものから、次第に訳語が定着し社会共通的なものに推移していく。そこに、訓が成立するのである。

古代朝鮮における訓

さて、古代朝鮮半島においても漢字に、その字義に対応する朝鮮固有語をあてる用法が行われていた。たとえば、『三国史記』地理志の地名表記に次のような例が見える。

石山県、百済珍悪山県

「石」を意味する百済語*turakが「珍悪」と表記されているが、「珍」をturにあてるのは朝鮮固有語の訓によるもので、中世語torkに対応するという（李基文『韓国語の歴史』）。

また、『日本書紀』の百済関係資料にも次のような例がある。

新羅王波沙寐錦即微叱己知波珍干岐（神功紀摂政前紀）

この「波珍」は新羅の官位「波珍飡」ないし「海干」（『三国史記』による）に当たり、「海」の朝鮮古訓patarに相当する（前掲『日本書紀』上、六一一ページ）。この「珍」はtarにあてたもので、右記のものと同じく訓による表記であると見られる。

このような訓の用法が古代朝鮮半島でいつごろ始まったかについては現時点では確かなことは言えないが、おそらく高句麗などでは古くから漢字の訓が発達していたように思われる。そして、それが日本列島における使用に先立つと見るのが穏やかであり、そのような訓の用法を日本列島に持ち込んだのは渡来人であったと見てよい。その際、渡来人もしくはその末裔が、日本語を基盤として、漢語（中国語）に訳語をあてる行為を一般化させていったと思われるが、そこに朝鮮固有語の訓が介在していたとも想定される。すなわち、古代朝鮮半島で行われていた訓としての朝鮮固有語を和語に置き換えるという過程を経て、日本における訓が成立した可能性が高いと見られる。このような、漢字と和語（訓）との結びつきは、書き手の表現行為から見て、漢字そのもので日本語を表現することを可能にしたのであるから、書記行為にとっては大きな転換期を迎えたに違いない。

漢文理解と訓

そもそも、ある漢字に訓が結びつくということは、単に漢語（中国語）と和語との対応というのではなく、表語文字としての漢字と和語との結びつきである。その意味で、漢字と訓との結びつきの固定化は文字を介してなされたものと見るべきである。話しことばにおける、中国語から日本語への翻訳という次元では、単に中国語の語形と和語の語形との等価的な結びつきが認められるだけで、その意味で通訳というレベルでは訓は成立しにくい。文字として定着した漢文を日本語で理解することに基づいて訓が確立されていったと考えられ、その出現は、六世紀初頭以降漢籍や仏典を本格的に解釈しようとする一連の記事とも時期的に符合している。訓がそれ以前に一部行われていた可能性をまったくは否定できないが、書記活動における訓の本格的な使用は六世紀前半に始まると見るのが穏当であろう。

和化される漢文――『菩薩半跏像銘』

古代朝鮮の俗漢文

古代の朝鮮半島では、漢字の音義を借りて付属語的要素や副詞などを表記する「吏読《りと》」が行われたことが知られている。たとえば、「養陽物大悪水故食而不飲」（『養蛋経験撮要』）という原文に対する吏読の例をあげると、次のとおりである。

［日本語訳］　トハ　デアルノデ　ヲ　ノミ　シ　セズ

養段　陽物　是乎等用等　水気　乙　厭却　桑葉　叱分　喫破　為遺　飲水　不冬

［読み］　(stan)　(i•on•tʌr•ssi•ɑ)　(ir)　(spun)　(hɑ•ko)　(ɑn•tir)

（李基文『韓国語の歴史』藤本幸夫訳による）

右のように漢字の字音や訓（固有語）を借用して、自国語の語順に従って表記したものであり、この点で、日本語の漢字万葉仮名交じり文に近いものといえる。ただ、右の日本語訳に相当するような発達した表記法は、中世以降漢文の翻訳に多く用いられたものであって、それがどの時期にまで遡れるかは現時点では不明である。正格漢文にはないような要素を含む文章表記をも広く吏読《りと》、もしくはその源流と見る立場もある。そこで次に古代朝鮮風の漢文を少し探ってみよう。

『迎日冷水里碑』（癸未年＝五〇三または四四三年）の冒頭は次のとおりである。

斯羅喙斯夫智王乃智王此二王教用珍而麻村節居利為証爾令其得財教耳

（斯羅の喙、斯夫智王・乃智王、この二王教す。珍而麻村の節居利を用て証とす。ここに、それをして財を得しめよと教す。）

この「教」は命令・判決の意で、まず二王が「教」したことを述べ、その後に財物をめぐる紛争を解決した内容を「……と教す」と承ける用法であろう。これは、古代日本語の「（宣りたまはく）……と宣りたまふ」などという引用表現に形式的に類似している。その意味で、和文の源流をなすもののように思われる。

さらに、確実に正格漢文から逸脱しているものとしては『新羅南山新城碑』（五九一年）が古いものである。その冒頭部を次に示す。

辛亥年二月廿六日南山新城作節如法以作後三年崩破者罪教事為聞教令誓事之。

河野六郎はこれを「辛亥ノ年二月廿六日、南山ノ新城ヲ作リシ時、法ノ如ク作ル。後三年崩破スル者ハ罪セシメラルルコトト聞カセラレ、誓ハシムルコトナリ」と解読している

(『古事記に於ける漢字使用』『河野六郎著作集3』平凡社、一九八〇年、所収)。そして、「この文の特徴は、新羅語の構文に従って、漢字をその意味より能う限り使って並べるという点」であって、吏読と言えるかどうか明確でないとしている。このような文体を「吏読」と呼ぶのではなく、「俗漢文」と称している。この文が中国語として読まれることをめざしたものではなく、新羅語を示していることは確かである。目的語が動詞に先行する「南山新城作」や、トシテ、トイヒテ、トテから単にトに当たるという「為」のような例は、やはり漢字漢文を新羅語によって解釈していたことを物語っていよう。古代朝鮮半島でこの時期に朝鮮固有語の訓が行われていたことの一つの証左となる。ちなみに、右の例も「教」に改めて注目すれば、「後三年」以下の読みとして「後三年崩破スル者ハ罪セヨト教スル事ト聞キテ、誓ハシメム事ヲ教ス」なども考えられる。日本における和化漢文と類似の文体であることは明らかであろう。

七世紀中葉までの像銘

そこで次に、日本における漢文の和化に目を転じて、その流れを追ってみよう。『稲荷山古墳鉄剣銘』『岡田山一号墳鉄刀銘』などの六世紀以前の文章は漢文体であることは先に述べたとおりであるので、七世紀以降の文章を見ることにする。

いわゆる推古朝遺文には成立時期に問題となるものがあることは先に述べたとおりであり、ここでは『飛鳥・白鳳の在銘金銅仏』（以下、資料の名称はこれによる）を参考にして、この時期の成立として扱えるものを次に示す。

◎『菩薩半跏像銘』（丙寅年＝六〇六年）

歳次丙寅年正月生十八日記高屋大夫為分韓婦夫人名阿麻古願南无頂礼作奏也

（《訓読》《大意》は六六ページ参照）

◎『釈迦如来及脇侍像銘』（法隆寺蔵　戊子年＝六二八年）

戊子年十二月十五日朝風文将其零済師慧燈為嗽加大臣誓願敬造釈迦仏像以此願力七世四恩六道四生倶成正覚

《訓読》戊子《ぼし》年十二月十五日に朝風文将零済師慧燈、嗽加《そが》大臣の為に誓ひ願ひて、敬みて釈迦仏像を造る。この願力を以《もち》て七世の四恩、六道の四生、倶《とも》に正覚を成さむ。

《大意》戊子年十二月十五日に、朝風文将其零済師慧燈が、ソガ大臣のために誓いをたてて願い、つつしんで釈迦仏像を造る。この願力で、みなともに正しい悟りをひらこう。

◎『法隆寺金堂四天王像銘』（法隆寺蔵　六五〇年ごろ）

山口大口費上而次木閈二人作也（広目天光背）

薬師徳保上而鉄師⿰手寸古二人作也（多聞天光背）

《訓読》　山口大口費を上として次木閈と二人して作るぞ

薬師徳保を上として鉄師⿰手寸古と二人して作るぞ

《大意》　山口直大口を長として次木閈と二人で作る

薬師徳保を長として鉄師⿰手寸古と二人で作る

◎『観音菩薩立像銘』（辛亥年＝六五一年）

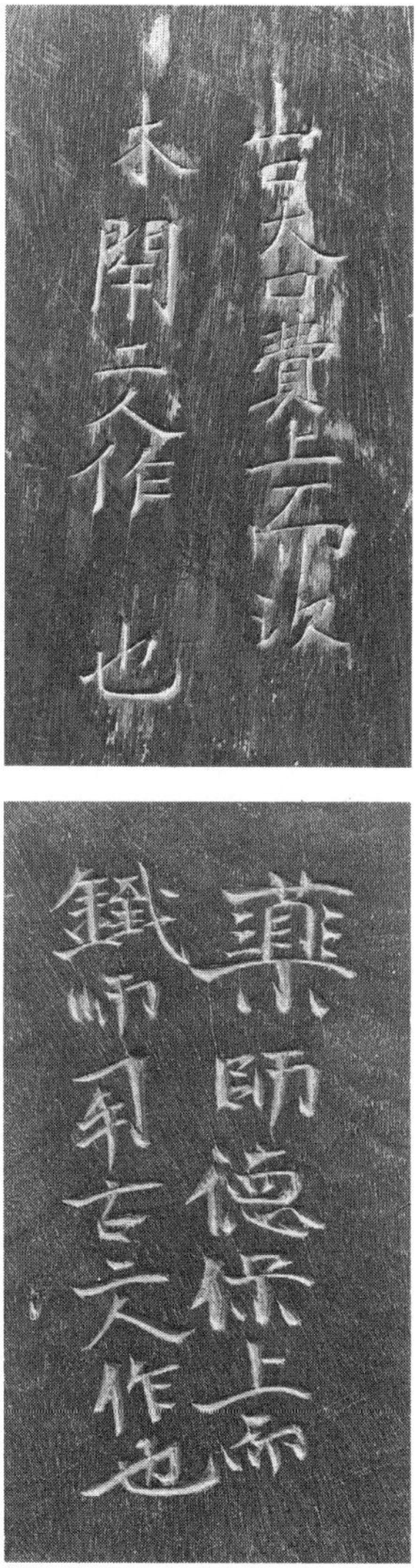

図11　法隆寺金堂四天王像銘（奈良県・法隆寺所蔵）

辛亥年七月十日記笠評君名左古臣辛丑日崩去辰時故児在布奈太利古臣又伯在□古臣二人志願
《訓読》辛亥《しんがい》年七月十日に記す。笠評君《かさのこほりのきみ》、名をば左古《さこ》臣とまうす、辛丑《しんちゆう》日に崩《みう》去《せま》しぬ。辰時《とき》なるが故に、児なる布奈太利古臣、また伯なる□古臣、二人して志願す。
《大意》辛亥年七月十日に記す。笠評君であるサコ臣が辛丑の日になくなった。辰時である故に、児であるフナタリコ臣と伯である□コ臣が二人で仏に願う。

◎『光背』（観心寺蔵　戊午年＝六五八年）
戊午年十二月為命過名伊之沙古而其妻名汙麻尾古敬造弥陀仏像以此功徳願過往其夫及以七世父母生々世々恒生浄土乃至法界衆生悉同此願耳
《訓読》戊午《ぼご》年十二月に、命過ぎにし、名をば伊之沙古とまうすが為に、その妻、名をば汙麻尾古とまうす、敬みて弥陀仏像を造る。この功徳を以て願はくは、過往《すぎに》しその夫と七世の父母と、生々世々恒《つね》に浄土に生かむ。乃至《ないし》、法界の衆生《しゆじよう》、悉《ことごと》くこの願を同じくす。
《大意》戊午年十二月になくなったイシサコのために、その妻であるウマミコがつつしんで弥陀仏像を造る。この功徳で、なくなった夫など代々が浄土に生きることを願う。すべての人々も同じくこのように願うのである。

まず『菩薩半跏像銘』の「作奏」の「奏」を謙譲語マウス（マヲス）の補助動詞と見るべきことは先に述べたとおりである。日本語の敬語表現を文章表記した最古の例として注目される。

和文表記の実態

このほか、「韓婦」を和風用語とする説もあるが（東野治之「銘文について」『飛鳥・白鳳の在銘金銅仏』）、これは漢語的であり、必ずしも和風とは言いがたい。また、「別れにし」（藪田嘉一郎「丙寅年高屋大夫造像記考釈」『美術研究』一四八）の意と見られる「分」の用法も和臭が感じられるが、これもいまだ漢文的である。そして、「韓婦夫人、名（をば）……」という表現は『上宮聖徳法王帝説』などの系譜の書き方に等しいものの、『江田船山古墳太刀銘』に「典曹人名无利弖」とあり、古代朝鮮にも『順興邑内里壁画古墳墨書』に「己亥中墓像人名□□□」（己亥《きがい》年は五一九または五七九年）という例も見えることから、「……人、名……」という形式は明らかに古代朝鮮風の漢文に基づくものである。畢竟《ひっきょう》、この像銘の和風かと見られる要素は、古代朝鮮の俗漢文の流れを汲むもののように思われる。

『釈迦如来及脇侍像銘』は「嗽加大臣」の「大臣」がオホオミの訓を背景としているな

らば、和風を交えているとも見られるが、漢文の枠組みを逸脱しているとは言いがたい。『法隆寺金堂四天王像銘』は「山口大口費を上として次木閇と二人して作るぞ」「薬師徳保を上として鉄師𠷡古と二人して作るぞ」と読むことができ、まさしく日本語の語順のままに表記されている。接続助詞「て」に相当する「而」の表記はそれ以前の文章には見られないもので、和化の進行した状況を如実に示している。「山口大口費」は『日本書紀』白雉《はくち》元年（六五〇）十月条に見える「山口費大口」と同一人物であろう。

『観音菩薩立像銘』について見ると、「笠評」の「笠」は吉備《きび》氏の同族である笠臣のことかとも考えられ、また、「評」は大化以後大宝以前のコホリの用字である。「児在」の「在」は場所を表す語を下に添えて「在唐」（唐に在る）などと示すのが本来の用法であるが、語順が日本語に従っている。さらに、「在」は「（どこどこ）にある」という本来の意味が変化して、ここでは「（何々）である」という指定の助動詞「なり」（「にあり」が音変化して「なり」となったもの）に相当する意味を表している。これも和化の度合いがかなり進んだ段階での和文表記と認められる。

『光背』については、「命過」は「伊能知周疑南」（『万葉集』巻五・八八六）の例に照らすと、和化された表現とも見られているが（山田孝雄・香取秀真編『続古京遺文』一九一二年〈複製、勉誠社、一九六八年〉）、東野治之は六朝の造像記にも見られることから、その影響としている（前掲「銘文について」）。そして、「過往」も過ぎ往くの意として漢語で解釈できる。「名（をば）……」という表現については前述したとおりである。

以上、漢文から逸脱した語法の見られる和文の最も古いものは、現存では『菩薩半跏像銘』であり、その時期は七世紀初頭ということになる。そして、『法隆寺金堂四天王像銘』『観音菩薩立像銘』に見られるように、七世紀中ごろには相当和化の度合いの進んだ文章表記が普及していたことは確実である。

七世紀中葉までの像銘以外の資料

像銘以外で、この時期のものを二、三見ておこう。『箕谷《みいだに》二号墳出土鉄刀銘』（兵庫県養父《やぶ》郡八鹿《ようか》町小山《こやま》）には銅象嵌《ぞうがん》で次の六文字が確認される。

戊辰年五月中

この「戊辰《ぼしん》年」は六〇八年に比定されている。「〇月中」の表記は金石文《きんせきぶん》には一般的なもので、特に漢文の規範から逸脱するものではない。

法隆寺釈迦三尊像の台座裏から「辛巳年八月九月作□□□□」などと墨書されたものが発見されている。この釈迦三尊像は六二三年に完成したもので、「辛巳年」は六二一年に

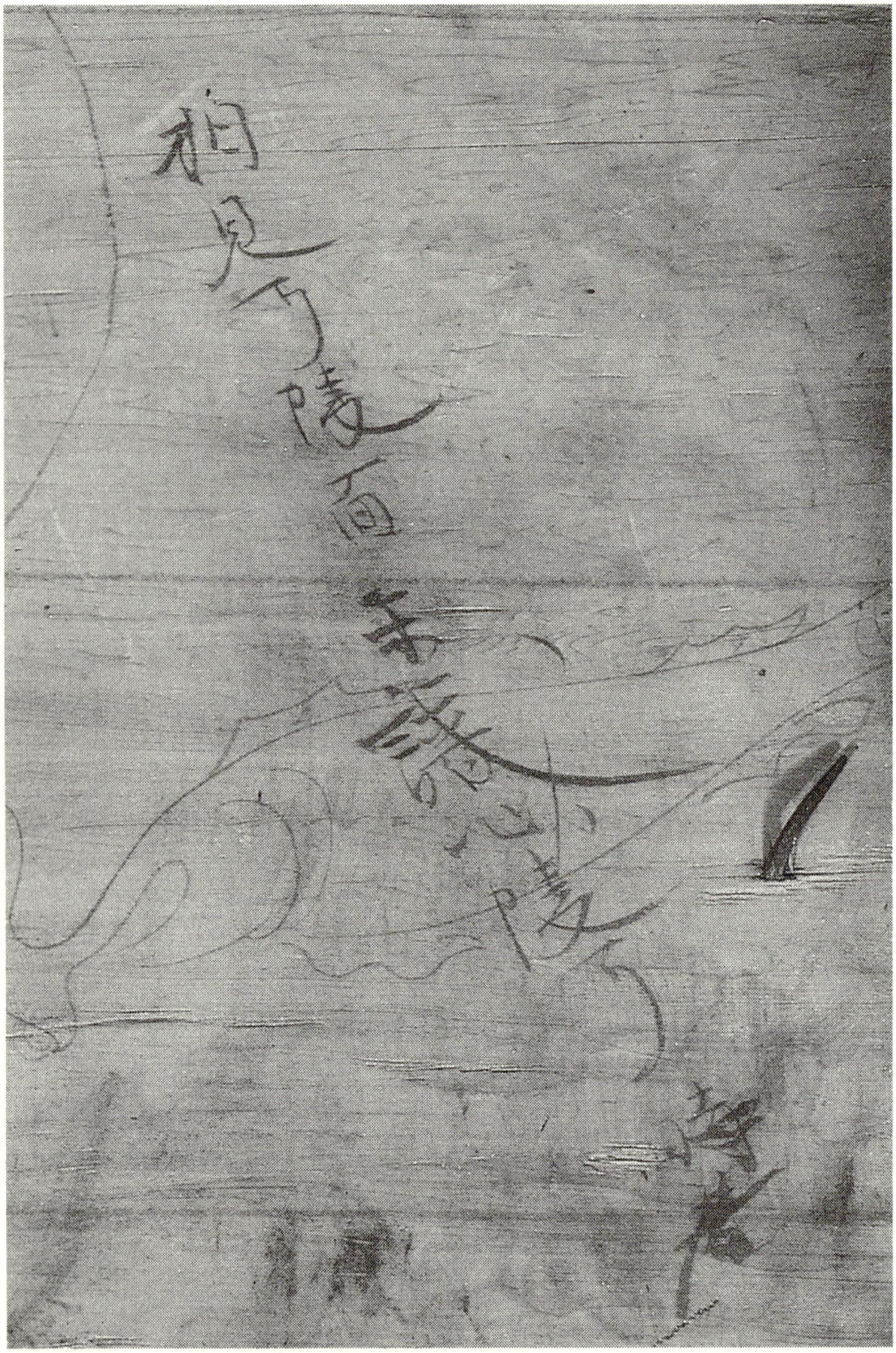

図12　釈迦三尊像台座裏墨書　「相見…」(奈良県・法隆寺所蔵)

比定されている。これには次のような墨書文字も見える。

相見丂陵面楽識心陵了時者

留保分七段　書屋一段　尻官三段　御支□三段　（ほかに「福費二段」ともある）

前者の一二文字は「陵の面に相まみえよ　陵に葬られている死者の魂をしずめるためには」のような意であろうとされている（高田良信「釈迦三尊像の台座裏から発見された十二文字の墨書」『伊珂留我』一二、一九九〇年）。習書の可能性もあるが、和文を表記したものとも断定しがたい。むしろ、古代朝鮮の俗漢文に準ずるもののように思われる。これに対して、後者の「留保分」「書屋」は漢語として処理できるが、「尻官」の「尻」は山尻（背）大兄王をさす、「代」として田積を表す単位と見て「田」の意とする、同じく「名代・子代」の「代」とする、などの見方がある（館野和己「釈迦三尊像台座から新発見の墨書銘」『伊珂留我』一五、一九九四年）。仮に「代」の意とすれば、これは借訓の用法となり、また、「尻」だけで山背大兄をさすと見るのも問題が残る。あるいは「尻」はシリツト（後の戸）のシリのことで後方の意の可能性も否定できない。いずれにしても、聖徳太子家のなんらかの行政機関を意味するものと思われるが、これは訓に基づいた可能性が高い。「御支□」についてはは未詳であるが、「御」が尊敬語の用法を表したものであれば、敬語表現の古い例の一つとなろう。ただし、これらは断片的で確例とは言いがたい。

このように、推古朝には和文が発生していたことは間違いない。これは結論的には、従来の説に特に変更を迫るものではない。しかし、推古朝の当初から『法隆寺薬師仏像銘』のような和化の進んだ和文が存在したのではない点、古代朝鮮の俗漢文との近似性において和文の発生が認められる点を改めて確認しておきたい。そして、現存最古の訓の例と見られる「各田部」に和語（訓）の表記の出現を認める以上、和語を背景とする和文の出現は推古朝よりさらに遡る可能性があることも留保しておきたい。

和文の成立要因――「論語木簡」「音義木簡」

王辰爾の上表文解読

『日本書紀』敏達《びだつ》元年（五七二）五月丙辰《へいしん》条には、高句麗《こうくり》の上表文《じょうひょうぶん》を諸々《もろもろ》の史《ふひと》が読めなかったが、王辰爾《おうしんに》がこれを解読したという記事を載せている。これは史部《ふひとべ》の漢文能力の低下を示したものとする説もあるが、馬淵和夫が述べるように、高麗人の書いた漢文が正格のものではないために、史部には解読できなかったと見るべきであろう（『上代のことば』至文堂、一九七〇年、四八ページ）。高句麗においては、外交文書に「俗漢文」を用いるほど、その表記法が発達していたように解釈される。『続日本紀《しょくにほんぎ》』延暦《えんりゃく》九年七月辛巳条の津守連真道《つもりのむらじまみち》らの上表文によれば、王辰爾は百済《くだら》国王貴須王《きすおう》を祖とする。したがって、百済でも高句麗と同様、「俗漢文」が用いられていた可能性が高い。この記事は、高句麗の「俗漢文」がとりわけ悪文であったということも考えられるが、そうした程度の問題というのではなく、その当時日本においては変格の漢文が一般には存在していなかったため、そのような観点から解釈することができなかったことを物語るように思われる。そして、王辰爾の解読によって朝鮮の「俗漢文」を知るようになり、それを契機として「俗漢文」の体裁をとる文章表記も始まったということを象徴的に示すものであろう。

寺院造営と文書

崇峻《すしゅん》元年（五八八）に、百済から僧が渡来すると同時に、仏舎利・僧侶・寺工・露盤博士・瓦博士・画工が献上され、これによって本格的な寺院が元興寺《がんごうじ》をはじめとして相ついで建築されるようになった。おそらく、造営事業の遂行に当たっては、多くの官人や工人たちが文字を媒介として事務的なメモのようなものをやりとりすることがあったに違いない。前述の法隆寺釈迦三尊像台座の墨書はその一端を示すものである。そこに「尻官」と記されているように、「官」と名づけられた行政機関（官司に準ずるもの）が機能しており、文書のやりとりがなされる機会も多かったことは明らかである。推古紀二十八年（六二〇）是歳条に、聖徳太子と蘇我馬子《そがのうまご》が、天皇記および国記、臣《おみ》・連《むらじ》・伴造《とものみやつこ》・国造《くにのみやつこ》・百八十部あわせて公民等の本記を撰録するとある記事も、「書屋」と無関係ではないように思われる。このように、六世紀末から七世紀にかけて、文書を書く機会は次第に増大していたであろう。

もちろん、七世紀中葉以前では、文章作成に従事したのは多くは渡来系の人々であり、推古朝までは文字がまだほとんど渡来人の手にあったと見られる（馬淵和夫『上代のことば』五四ページ）。その渡来人たちによって、まずは古代朝鮮で用いられていた漢文（「俗漢文」ほどではないが、正格漢文には見えない用法を一部に含むような漢文）が伝わり、そして六世紀末までには、新たに『南山新城碑』のような「俗漢文」の表記様式が本格的に伝わったというように想定される。六世紀末以降百済から渡来した工人たちは、本格的文書でなく事務的伝達であるがゆえに「俗漢文」を使用する場合が度々あったのではなかろうか。

俗漢文と和文

そうした「俗漢文」は日本語の語順そのものでもあり、また訓に従えば日本語として理解できる。そこに和化する契機があると考えられる。新羅の『壬申誓記石《じんしんせいきせき》』は五五二年から七九二年までの間に諸説があり、いまだ「壬申年」を特定することはできない。七世紀後半以降の製作という説が有力視されているが、それは『法隆寺金堂四天王像銘』となんら径庭《けいてい》はない。

壬申年六月十六日二人幷誓記天前誓今自三年以後忠道執持過失无誓若此事失天大罪得誓若国不安大乱世可容行誓之又別先辛未年七月廿二日大誓詩尚書礼伝倫得誓三年

（壬申年六月十六日に二人幷びに誓ひ記す。天の前に誓はく、今より三年以後、忠道を執持し、過失无《な》からむと誓ふ。もしこの事を失はば、天に大罪を得むことを誓ひ、もし国安からず大きに乱世とあらば、容《まさ》に行ふべきことを誓ふ。また別に、先の辛未年七月廿二日に大きに誓はく、詩［経］、尚書《しょうしょ》、礼伝を倫《つ》ぎて得むと誓ふこと三年。）

固有語の語順通りに漢字を表記するという、日本で言えば和文表記にあたるものは、右のような表記スタイルを持つ朝鮮半島から渡来人によってもたらされたものであろう。その意味で、「和風」とは「韓風」そのものであって、和文は朝鮮半島で行われていた「俗漢文」から発生していると言える。ただし、「奏」が補助動詞マウスに用いられていること、「高屋」という訓の用法などから見ると（前記六六ページ参照）、それは日本語を記したものであることはいうまでもない。すなわち、韓化表記の手法を借りて日本語に即した表記を行う様式という意味で、それは和化であり、和文である。

漢字漢文の広まり

大化の改新（六四五年）によって官僚機構が整備され、文字使用の機会はさらに増大したであろう。しかし、文字の広まりをそれに求める考え方には問題が多い。岡崎晋明が、窯《かま》や墓から出てくる文字を整理して、七世紀の比較的早い段階から下級階層の工人の間にも文字が普及していたと分析しているように（「文字と記号」『日本の古代』14 言葉と文字、中央公論社、一九九六年、四一七ページ）、政治体制の変革を文字の普及と短絡的に結びつけることはできない。観音寺《かんのんじ》遺跡（徳島市国府《こくふ》町）から『論語』の一部を記した習書木簡が出土していることも、それと無関係ではあるまい。

子曰学而習時不孤□乎□自朋遠方来亦時楽乎人□亦不慍（左側面）

この木簡は七世紀の第2四半世紀のものと推定され、そのころには文字文化が地方にも及び、地方の官人たちも積極的に漢字および『論語』などの漢籍をも修得しようとしていたことが明らかとなった。このことは、七世紀前半にはすでに漢字使用の機会が地方にまで広がりを見せていることを意味する。確かに、和文が多く見られるようになるのは七世紀後半以降であり、大化の改新という政治体制の整備によって行政上の文書を書く必要性が増したことは事実であろうが、それは和文表記の広まりとは基本的に無関係である。むしろ、地方官人や工人たちへの文字の浸透が訓を介在させて和文を徐々に普及させていったと見るべきである。言語は社会や文化と不可避的に関連するという意味で、大化の改新を和文表記の展開において無視することはできないが、それ独自の自立的な原理で言語活動が突き動かされていることを想起しておかなければならないであろう。

漢文の訓読

ところで、当時漢文はどのように読まれていたのであろうか。その具体的な一面を明らかにするのが北大津遺跡出土木簡（滋賀県大津市）である。その出土状況から七世紀後半のものと見られており、また日本語史上さまざまな意味で注目される史料である。ここでは、大字で掲出した漢字の下に、その読みや意味が、小字ま

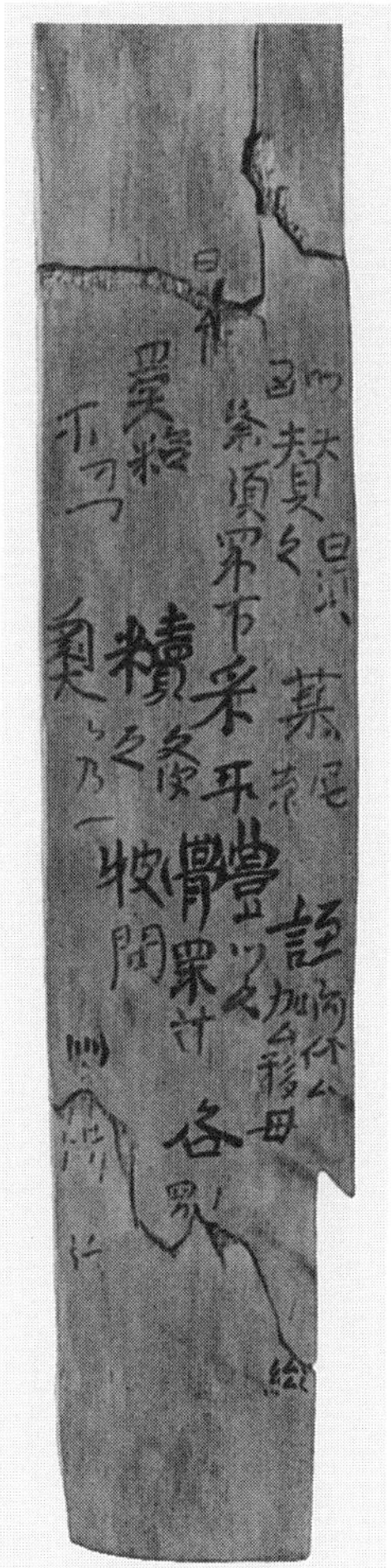

図13　北大津遺跡出土「音義木簡」（滋賀県立安土城考古博物館所蔵）

たは小字双行で記されている。その内容から見て、恐らく何らかの典籍に関する「音義」の類であると考えられる。

□□ツ　□□賛田須久□□□□　詮阿佐ム加ム移母　□
□□里　□　□須□□采取　体ツ久□□□
□米□　精久皮之　披開
□　□□□□　□　□

「詮」の字は『大漢和辞典』などには見えないが、おそらく「誣」の異体字であろう。この下にアザムカムヤモと万葉仮名で記されている。これは、動詞アザムク（欺）に助動詞ム、助詞ヤモが接続したもので、原漢文を訓み下したままの読みを記したものと認められる。助詞ヤが反語の意を表して助動詞「む」に接する場合、『万葉集』では「昔の人にまたも逢はめやも〈亦母相目八毛〉」（巻一・三一）などのように已然形の「め」に付くことが多い。ここでは反語の意か否か不明であるが、『万葉集』のような韻文の表現と、漢文訓読のような散文的もしくは翻訳的表現とでは語法に違いがあったことを示すものかもしれない。

さて、この木簡は単に訓を対照的に示したものではなく、その当時漢文の読み下しが行われていたことを如実に示している。従来漢文の訓読を記し始めるのは奈良時代からとされてきたが、この木簡の発見によって、訓注の形式で訓読のしかたを記すことが七世紀後半にはすでに行われていたことが明らかになった。これまでも漢文訓読は奈良時代以前から行われていたであろうと予想されていたが、その明証に欠けていた。この種のさらに年代の古い木簡は今後も発見される可能性があり、漢文の訓読がどの時期にまで遡れるかは今後の発掘を俟《ま》つ以外にないが、訓の現存最古の使用例の見られる欽明《きんめい》・敏達《びだつ》朝あたりまで遡ることができるようにも思われる。資料の極めて少ない現段階では、漢文訓読の方法を十分に測定する手がかりに乏しいが、七世紀後半にはこうした訓注の記入がかなり行われるようになっていたことの一端はこの木簡から知られる。漢文の読み下しの学習によって、地方の役人や工人にまで訓が広がり、そして和文の表記形式も普及していったのが七世紀前半のことであったと見ることができる。

漢文から和文へ

六世紀初頭までの漢字文は、漢文の枠組みに従って表記されていた。その場合、日本語の固有名は仮借《かしゃ》すなわち万葉仮名によって表記し、日本語独自の表現は省略している。それは、日本語を漢文に翻訳して表現するという段階であった。ところが、六世紀中葉になると、固有名は訓によって表記されるようにもなっている。これはまだ漢文で読もうとすれば読める範囲であるが、正しく理解するためには、漢文によるだけではなく、訓に従うべき側面をも有している。漢文の枠組みから逸脱しかけようとしているレベルである。そして、日本語独自の表現を書き記す、たとえば、日本語のままの語順に従い、敬譲表現や付属語の類などを表記する段階に至るのである。このレベルのものは原則として訓を前提とした漢字文であって、もはや和文と呼ぶ以外にない。

音訓の交用

訓仮名の成立――伝飛鳥板蓋宮遺跡出土木簡

最古の訓仮名

前に万葉仮名《まんようがな》には音仮名《おんがな》と訓仮名《くんがな》があると述べたが、そこで、保留にしておいた訓仮名について、ここで考えておきたい。漢字の音を借りた万葉仮名を音仮名とよぶのに対して、漢字の訓を借りて日本語の音節表記にあてた万葉仮名を訓仮名とよぶ。

訓が成立したのは六世紀前半であろうということはすでに述べたが、訓仮名の成立はそれ以降、いつごろのことであろうか。

これについては、推古三十年（六二二）成立かという『天寿国曼荼羅繡帳銘《てんじゅこくまんだらしゅうちょうめい》』に見える「尾治王」を「小治田」と対比させて、「尾」を訓仮名の古い例と見る立場がある（川端善明「万葉仮名の成立と展相」『文字』社会思想社、一九七五年、一三二ページ）。しかし、これは『上宮聖徳法王帝説《じょうぐうしょうとくほうおうていせつ》』に所載されているものであって、銘文自体は一部の断片しか現存していない。これをそのまま七世紀前半の表記史料と見ることができないことは前述したとおりである。

そこで、改めて訓仮名の現存最古の例を出土史料に探ると、七世紀中葉（もしくは七世紀前半）の伝飛鳥板蓋宮《でんあすかいたぶきのみや》遺跡出土木簡（飛鳥京木簡二七号）の「矢田部」がそれに相当しよう。これは「財部　丈部　長谷部　大田部　占部　矢作部」など部姓を習書風に書き連ねた中に見られるもので、この「矢田部」は『日本書紀』崇神《すじん》紀六十年七月己酉条に見える「矢田部造」のことであろう。これは仁徳皇后の八田皇女（仁徳紀即位前紀「八田皇女」）の名代で、ヤタのヤは〈多数〉を意味する「八」が正訓字としてふさわしいものであるが、それと同音の訓である「矢」を借りて表記したものと考えられる。したがって、この「矢」は訓仮名の最古の例の一つと見てよかろう。

七世紀後半の訓仮名

年代の確定する例で見ると、石神遺跡（奈良県明日香村）出土木簡に「乙丑年十二月三野国ム下評（以下略）」とある「三」が訓仮名である。このミは美称を表すもので、正訓で書くならば「御」がそれにあたろう。乙《おつ》丑《ちゅう》年は天智四年（六六五）にあたる。また、天武九年（六八〇）には『万葉集』柿本人麻呂歌集の非略体歌がはじめて確認され、それ以前に成ったと見られる略体歌には訓仮名の

図14　伝飛鳥板蓋宮遺跡出土木簡「…矢田部…」（奈良県立橿原考古学研究所所蔵）

使用が数多く見える（「略体歌」「非略体歌」については後述参照）。

紅衣染雖欲著丹穂哉人可知（巻七・一二九七）

（紅の衣染めまく欲しけども着てにほはばか人の知るべき）

秋山霜零覆木葉落歳雖行我忘八（巻十・二二四三）

（秋山に霜降り覆ひ木の葉散り年は行くとも我忘れめや）

吾以後所生人如我恋為道相与勿湯目（巻十一・二三七五）

（我ゆのち生まれむ人は我が如く恋する道に逢ひこすなゆめ）

次節で改めて述べるように、音仮名と訓仮名の交用が七世紀後半以降見られることも、その当時には訓仮名が決して特異なものではなかったことを示すものである。ちなみに、壬《じん》午《ご》年（六八二）の年記を持つ『法隆寺命過幡銘』（東京国立博物館現蔵）の「者田」（＝幡《はた》）は、一般名詞が訓仮名だけで記されたものとして注目されよう。

現在のところ、訓仮名は七世紀中葉以前には確例が見られないが、「矢田部」「三野」のような例があるということは、固有名などの表記に訓仮名（もしくは借訓）がそれより古くから用いられていたであろうことを推測させる。ただ、それがどこまで遡れるかは現時点では不明であるが、訓が六世紀中葉には成立していたという事情を考えれば、それを仮借するという用法もそのころ近くにまで遡ることも十分に考えられる。

訓仮名使用の契機

そもそも、純漢文には音仮名の使用はあっても、訓仮名の使用はない。それは言うまでもなく、訓の用法自体、漢文（中国語）にはないからである。その事情は和化漢文においても、基本的には同様である。つまり、実質語は正訓で、付属語的要素は漢文の助字で表記されることから、訓仮名（借訓）の現れる可能性は語彙のレベル、とりわけ固有名の表記にほとんど限られる。そして、その固有名も、「額田部」（岡田山一号墳鉄刀銘）、「高屋」（菩薩半跏像銘）などに見られるように、基本的には語義通りに正訓によって表記しようとするのが普通である。難波宮跡出土木簡の「秦人凡国評」の「凡国」（オホは〈大〉の意）や屋代遺跡出土木簡の「他田舎人」の「他田」（ヲサは〈訳語〉で外国に関することの意）なども同様である。『法隆寺金堂四天王像銘』（六五〇年ごろ）に見える「山口大口費上而次木閇二人作也」の「木」も正訓である可能性が高い。

このように、訓仮名が訓を借りている以上、その訓の連続という文字列において訓仮名が用いられたのが原初的なものであろう。「矢田部」の「矢」にせよ、「三野国」の「三」にせよ、みなそうである。そして、それが訓で読むべき表記のまとまりの中で用いられているのであって、その表記者にとって、本来の意味ではない漢字（すなわち訓）を用いてしまったなどとは、思ってもいないことであったのかもしれない。そもそも、訓を借りている、つまり本来の意義で漢字を用いているのではなく、単に読みの側面だけを借用しているという判断、すなわち訓仮名の認定は、今日の解釈論的な立場である。ヤタは本来「八田」であるはずだというのは、今の語源解釈であって、当時の人々にとって「矢田」の「矢」が語源として誤っているなどとは意識されていなかったかもしれない。したがって、訓仮名の成立は、意図的なものではなく、日常的営為における巧まぬ転用によって生じた可能性が高い。そもそも固有名の場合、その本来的語義を細かく分析することは、今日においても、特別な場合を除いてあまり行われないのが普通であろう。

つまり、先に述べたように、訓が用いられるようになったこと自体、そこに訓仮名（借訓）の可能性があるということである。特に、中国語ではない日本語そのものである地名・人名は、文書の世界で表現されることの多い語であったであろう。そこに訓による表記の試みが次第に増大していけば、踏み外す場合も自ら生じよう。それと同時に、その表記の場において、意識的に訓を借りようとする試みもあったに違いない。この両者を画然と区別することはむずかしい。

多音節の借訓用法

ただ、意図的な使用は人麻呂歌集略体歌では明らかであって、それは前記の「丹穂」などに見たとおりである。そして、これに関連して、次に多音節の借訓用法にも触れておきたい。

玉坂吾見人何有依以亦一目見（巻十一・二三九六）

（たまさかに我が見し人を如何にあらむよしをもちてかまた一目見む）

水上如数書吾命妹相受日鶴鴨（巻十一・二四三三）

（水の上に数書く如き我が命妹に逢はむとうけひつるかも）

大船香取海慍下何有人物不念有（巻十一・二四三六）

（大船の香取の海にいかり下ろし如何なる人か物思はざらむ）

まず、二三九六番歌のタマサカニは〈偶然〉の意の副詞で、この読みが確定できる適当な正訓字がなかったために、タマを「玉」で、サカを「坂」で借訓表記したものである。二四三三番歌の第五句ウケヒツルカモでは、助動詞「つ」の連体形「つる」を「鶴」で、感動の意の助詞「かも」を「鴨」で表記している。鳥の名を連続させて借訓した技巧的な表記である。二四三六番歌の第三句イカリオロシのイカリは、船の錨のことであるが、これにふさわしい正訓字がないため、〈怒る〉意の「慍《いか》る」の連用形を借りたものである。いずれも訓が連続する中で見られる点で、訓仮名と共通する性質を有している。

このような用法を「多音節仮名」と呼び、音仮名における二合仮名の用法を含めた総称とすることがあるが、一般には借訓用法として扱うことが多い。それは、日本語の音節表記に用いるという万葉仮名はその性質上、平仮名・片仮名に顕著であるように、一つの音節と対応するのを基本と考えるからである。そのため、一音節語に相当する「目」「田」などは訓仮名とよぶのである。これに対して、「鶴」「鴨」などの類を訓仮名としないのは、複数音節に相当するため、使用上の自由度が低く、それに連合仮名や略音仮名の用法がないことにも起因する。ちなみに、「跡」をトの表記に借訓するのは一見アトのアを略した訓仮名、すなわち訓仮名の略音仮名のようにも見えるが、アトという語はア（足）―ト（跡）という合成語であって、トという一音節にもともと〈跡〉の意があるのである。訓仮名の略音仮名の用法は実際にはほとんど見当らない。

多音節仮名の由来

このような複数の音節を借訓する用法は、現存史料では『万葉集』柿本人麻呂歌集の略体歌に現れるものが最も古いが、それが柿本人麻呂歌集においてはじめて試みられたかどうかは不明である。おそらく、固有名詞の表記においては、たとえば「出雲」（鰐淵寺観音像銘）のように、語源解釈に基づいて漢字一字に対して二音節以上が対応する訓を借りるという事態が多く生じていたであろう。他方、略体歌においては付属語的要素に、たとえば「鶴」「鴨」をはじめ「谷《だに》」「管《つつ》」などの複数の音節に借訓用法が用いられている点は注意すべきである。それが訓の連なりを原則とする表記に由来するものであって、読みを限定することに留意している点から見ると、少なくとも付属語的要素の表記に複数音節の借訓用法を用いたのは人麻呂歌集略体歌が最初かと思われる。

そして、この用法は、音仮名における二合仮名の用法に由来するものであろう。表意用法を一次的に捨象した万葉仮名において、日本語の音韻表記の二つの表音的側面、すなわち音と訓とが存在し、一方の二合仮名の存在が当然他方の借訓による複数音節表記の用法をも促していくというものであったと見られるのである。

音訓の交用──北大津遺跡出土「音義木簡」

北大津遺跡出土音義木簡

万葉仮名の用法では、もう一点、滋賀県大津市の北大津遺跡出土木簡（七世紀後半）の、音と訓を交用している表記を見過ごすことができない（八八ページ参照）。

贊 田須久

右においては、「贊」に対する訓注であるタスクが訓仮名「田」と音仮名「須久」とで表記されている。このような音仮名と訓仮名を一語の表記に交え用いる例はこれ以前の史料には見られないものである。

『稲荷山古墳鉄剣銘』以降、漢文脈において固有名を表す場合すべて漢字の音を借用した。このことは、一つの語を音仮名だけで書き表すということを意味する。一方、訓仮名および複数音節の借訓用法は、前述のように、訓主体の中に見られるものであった。このような、借音による表記の集合と、借訓による表記の集合とは、もともと相容れないものであったが、その対立を融和するかのように表記されているのが前記の「田須久」である。よく目にする、わかりやすい万葉仮名であったがゆえに、音訓が交えられている事態にことさらに気を遣うことなく、自然と交用表記が現れたのであろう。

万葉仮名の音訓交用

万葉仮名の音訓交用は、藤原宮が営まれた時代には大宝戸籍帳をはじめ、次のような木簡などで数多く確認することができる。

阿田矢「アタヤ」（藤原宮跡出土木簡）

阿津支煮「アヅキニ」（藤原宮跡出土木簡）

者々支［ハハキ］（藤原京跡出土木簡）

八世紀初頭の美濃国大宝戸籍帳には次のように枚挙にいとまがない。

波佐目売　阿真売　志津加比売［ハサメメ　アマメ　シヅカヒメ］（御野国味蜂間郡春部里戸籍）

邑等名　阿田麻志売　阿屋麻呂　奈井売　身都　根都売　志手売［ムラトナ　アタマシメ　アヤマロ　ナヰメ　ミツ　ネツメ　シテメ］（御野国本簀郡栗栖太里戸籍）

志穂古［シホコ］（御野国肩県郡肩々部里戸籍）

志女移売　奈見売　八知波［シメヤメ　ナミメ　ヤチハ］（御野国加毛郡半布里戸籍）

訓仮名（右に傍点を付したもの）は一般に、一音節の和語、しかも字形が比較的簡略な、日常的に用いられる好字が選ばれているようであるが、それが音仮名と交え用いられているのである。このような万葉仮名の音訓交用は七世紀末から八世紀初頭の次のような「難波津」の万葉仮名表記木簡にも見える。

奈尓波ツ尓作久矢己乃波奈（観音寺遺跡出土木簡　徳島市国府町　七世紀末）

奈尓皮ツ尓佐久矢己乃皮奈泊留己母利□真波々留部止佐久□□□□□（藤原京跡出土木簡　八世紀初頭）

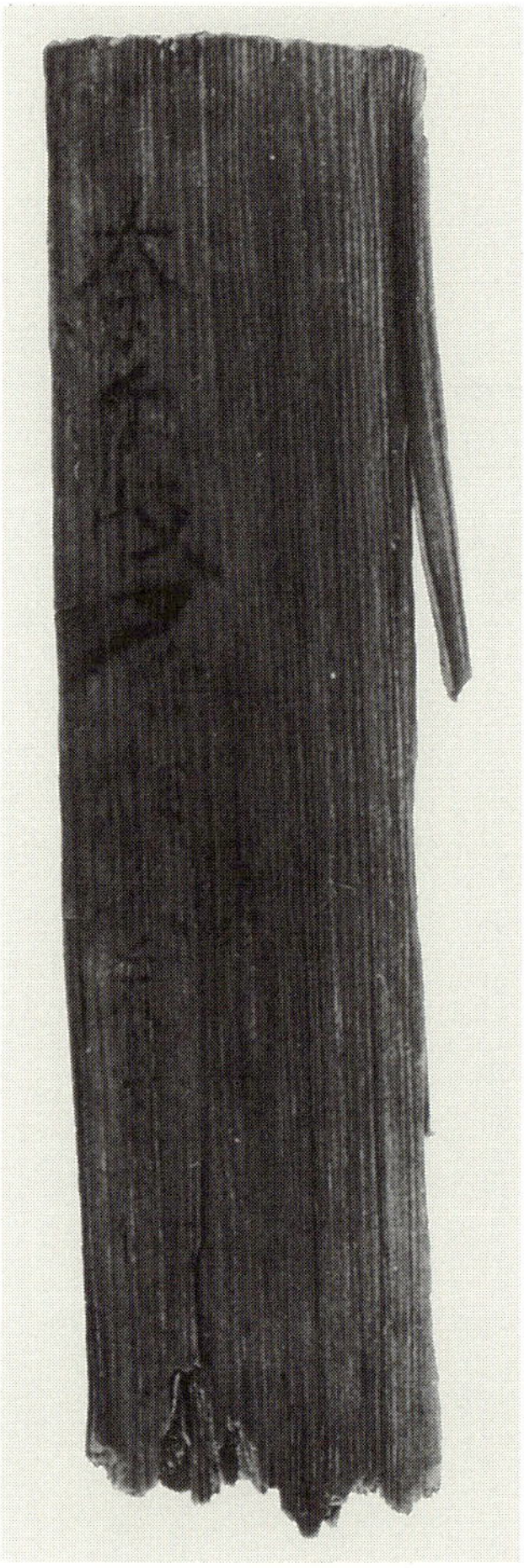

図15　観音寺遺跡出土木簡「奈尓波ツ」（徳島県立埋蔵文化財総合センター提供）

（「難波津」の歌は「難波津に咲くやこの花冬ごもり今を春べと咲くやこの花」であるが、後者の例では第三・四句が「春ごもり今は春べと」となっている）

「咲くや」の助詞「や」には共通して訓仮名「矢」が見え、さらに後者には「（い）ま」に「真」、「春べ」の「べ」に「部」という訓仮名の使用も見える。『万葉集』の仮名書き主体の巻五や巻十四・十五などには、正訓字を交える例はあっても、音仮名と訓仮名とを交用した例を見ない。その意味で、習書木簡の音訓交用は実用的な文書の世界において成ったものであることは明らかである。

　こうした万葉仮名の音訓交用表記は藤原宮時代以降頻出するのであるが、それ以前においてはあまり例がない。それは一つには史料が少ないことにもよるが、そうした中で、天武朝ごろの表記の姿を伝えていると見られる『万葉集』柿本人麻呂歌集略体歌には次のような例が見えるのが注意される。

　若月清不見雲隠見欲宇多手比日（巻十一・二四六四）

（三日月のさやにも見えず雲隠り見まくぞ欲しきうたてこの頃）

「宇多」を音仮名で「手」を訓仮名で表記したもので、ウタテは〈普通でない〉〈無性に〉などの意を表す副詞である。ただし、人麻呂歌集略体歌の中で、一語中に万葉仮名を音訓交用した例はこれだけである。

音仮名と正訓字の交用

　そこで、このような用法の由来を探るために、音仮名と正訓字との交用という用例にまで拡大してみると、固有名の表記に音と訓が交用された例が七世紀中葉以降いくつか確認できる（音仮名の用法には傍線を付した）。

　薬師徳保上而鉄師扭古二人作也（『法隆寺金堂四天王像銘』多聞天光背　六五〇年前後）

（「扭古」はマラコ）

波尓五十戸税三百□

高志五十戸税三百十四束　佐井五十戸税三×（観音寺遺跡〈徳島市〉出土木簡　六六〇年ごろ）

（「高志」は『和名類聚抄《わみょうるいじゅしょう》』に「多加之」とあり、「佐井」もサヰであろう）

与野評（石川県小松市那谷金比羅山窯跡出土平瓶刻書　七世紀中葉）

（「与野」はヨノ）

また、次の『観音菩薩立像銘』の不明の字を「建」と見て、「建古」をタケコと読む説もある。

辛亥年七月十日記笠評君名左古臣辛丑日崩去辰時故児在布奈太利古臣又伯在□古臣二人志願（『観音菩薩立像銘』　六五一年）

ただ、銘文の字体を見ると、必ずしも確定的でないため、ここでは参考にとどめる。

音訓交用の成立要因

こうした固有名詞における正訓字と音仮名との交用は、現時点では用例数そのものはまだ少ないが、今後の発掘によってさらに増えるものと思われる。中央だけでなく、地方にもその用法が及んでおり、遅くとも七世紀前半には生じていたであろう。そして、表意的用法が固有名の表記に浸透し、その数が増大するにつれて、次第にその中核的要素とそれ以外の要素とに分析し、その中核的要素のみを表意表記する傾向にあったかと想定される。たとえば、前記の例のうち、地名タカシで見ると、〈高い〉という要素を「高」で表意表記し、シはそれに添えられたものとして音仮名で表記する（この場合、もちろん〈高い志〉というような意味をも表す好字として選んでいるということも事実であろう）、また地名サヰでいえば、井戸があったところから、ヰを「井」と表意表記し、美称の接頭語「さ」（サユリ、サヨのサの類）を音仮名で表記するというものである。地名ヨノもノを「野」と表意表記し、ヨ（「与」はヨ乙類）は〈良い〉の意のヨシの形容詞語幹に相当するもので、これを音仮名で表記したものと見られる。この

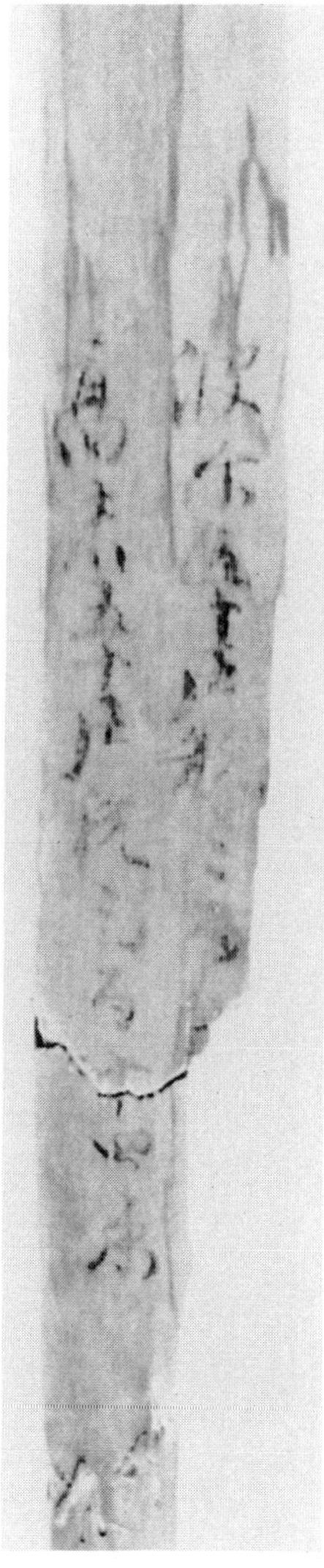
図16　観音寺遺跡出土木簡「高志」（徳島県立埋蔵文化財総合センター提供）

ような正訓字に音仮名を添えるという形式から、音仮名と訓仮名との交用表記が出来《しゅったい》したものと考えられる。

このことは、その前提に、中核的要素とそれ以外の要素とに分析するということがあったわけであるが、それを言語学的に次のように言い換えることができる。語は言語における最小単位の一つであるが、それを、意味を有するさらに最小の言語単位に分けることが可能である。これを形態素（morpheme）と称している。たとえば、ナベ（鍋）はナ（菜）とへ（瓶）に分析できる。その場合のナ（菜）、へ（瓶）をそれぞれ形態素とよぶのである。そうすると、前記のような表記は図らずもそれぞれ形態素のレベルで行われたということになる。もちろん、このような専門用語を持ち出さなくとも、意味を持つ小さなまとまりとでも言えばすむことであるが、漢字が表意文字であるゆえに、必然的に、あるまとまった意味ごとに分析することを可能にしたのであろう。

「田須久」と「宇　多　手」

その観点から、再度、天武朝以前と見られる音仮名と訓仮名とを交用した二つの例「田須久」と「宇多手」を見てみよう。まず、タスクは〈助ける〉意であるが、これは形態素としてタ（手）とスク（助）に分けられる。人名で「助」をスケと読むことでもわかるように、スクは〈助ける〉意で、これに接頭語タが付いたのがタスクである。ウタテは〈無性に〉などの意を表すもので、ウタは形容詞ウタ楽シや副詞ウタタなどの構成要素である。テは副詞語尾を表すものであるから、形態素のレベルでこれをウタ＝テと分析できることになる。少し細かい話になったが、この二例に共通することは形態素内のレベルでは音と訓とが交用されていないということであって、これは先に見た「高志」「佐井」の場合と同様である。その違いは、「高志」のような訓字主体の表記における音仮名のあり方が、ちょうど裏返しとして、音仮名主体に訓仮名が交えられているということである。

このような分析的表記は、決して偶然ではなかろう。表音的に表記する場合、形態素という言語単位を表す一定の用字が枠組みとして用意されており、たとえば右記のスクやウタには音仮名による、いわば表記の雛形《ひながた》があったように思われる。

音訓交用のもたらすもの

日本における漢字の用法に音と訓とがあって、それが由来を異にし区別されていたという事実から見ると、音訓の交用はそれが出現した当初はかなり奇異で、また、とまどいのある表記であったと見られる。それゆえ、音仮名と訓仮名とが、形態素レベルでの対立から語レベルでの融合へという道筋をたどって交用されていったという経緯を想定することは決して不自然なこととはいえない。

ただ、人麻呂歌集の表記はともかく、北大津遺跡出土の音義木簡の書き手がその表記を革新的であるなどと意識していたとは思えない。むしろ、無意識に音訓を交用して表記したものであろう。音仮名と訓仮名とが垣根をなくしていく、その途上に位置するものと見られる。そして、音仮名と訓仮名の境界を取り除いた途端、漢字の表意的機能を生かした音訓交用の万葉仮名表記が多彩な世界を花咲かせるのである。

音と訓とが織りなす世界――飛鳥池遺跡出土木簡

類義字の取り合わせ

前項で見た「田」「手」の訓仮名が音仮名と交えられている例として、飛鳥池遺跡出土木簡（持統朝、あるいは天武朝かという）がある。

・止求止佐田目手□□
・□久於母閉皮

この「佐田目手」は「定めて」の意と見られ、音仮名「佐」と訓仮名「田・目・手」とが音訓交用表記されている。この段階では音仮名と訓仮名の区別意識が薄らいでいたことが明らかで、持統朝ころには音仮名と訓仮名という位相差が実用的表記のレベルでは解消されていると認められる。

それに加えて、この例で注目すべきは、その漢字の表意性によって「目」「手」という身体の名称を並べるという別の面白さを生み出している点である。このような「目手」の表記は『万葉集』にも「心深目手」（心深めて　巻七・一三八一）と見える。もちろん、このような漢字によるイメージの膨らみは音仮名だけでも、「恋乃繁鶏鳩」（恋のしげけく　巻八・一六五五）の「鶏鳩」のように成り立つ。しかし、漢字の使用に際して、音を借り

図17　飛鳥池遺跡出土木簡「佐田目手」（奈良文化財研究所所蔵）

るだけでなく、訓をも借りるということは、その読み方が倍増、いな漢字の字義の数だけ訓があることにもなるわけだから、実際にはそれ以上になる。万葉仮名の音訓交用が可能になったということは、多様な読み方を自由に使って日本語の音節が表記できる状況をもたらしたのであって、その文字表記の楽しみはよりいっそう増すことになった。

同じ部首の漢字の取り合わせ

同じようなものを列挙するという場合、字義によるだけでなく、その字形にも及んでいく。

山妣姑乃相響左右妻恋尓鹿鳴山辺尓独耳為手（巻八・一六〇二）

（山彦《やまびこ》の相ひ響《とよ》むまで妻恋に鹿鳴《かな》く山辺にひとりのみして）

「妣姑」のように女偏の音仮名を列挙したもののほか、音訓交用の例として草冠の漢字を三つ並べるものも見られる、

今者吾波将死与吾背生十方吾二可縁跡言跡云莫苦荷（巻四・六八四）

（今は我は死なむよ我が背生けりとも我に寄るべしと言ふといはなくに）

「莫・荷」が訓仮名、「苦」が音仮名である。さらには、次のように文全体にちりばめられることもあった。

燈之陰尓蚊蛾欲布虚蟬之妹蛾咲状思面影尓所見（巻十一・二六四二）

（燈火《ともしび》のかげにかがよふうつせみの妹《いも》が笑《ゑ》まひし面影に見ゆ）

「蚊・蛾・蟬・蛾」のように同じ部首の字を意図的に選択したものである。このような同じ部首の字を意識するという背景には、当時の習書のしかたが関わっていよう。

・□〔相カ〕蕢[艹+赫]（ママ）薊蒠（ママ）蓉藋□蕜蕜蓉（ママ）荀著呉□□

　瓜

□〔伍カ〕陸漆捌仇拾陸□□□陸〔陸カ〕□奥国裳上郡裳

□餉湌絛（ママ）[酉+蜀]莆□〔縛カ〕

（重ねて濃く書かれたもの、表）

・□□〔男カ〕智

□□浮虜虜

□

道
道道

（最初に薄く書かれたもの、表）

・絹絵綪練綾[糸+吾]組

紐

□□□〔纏カ〕縄

絹絵綾綪緬練組□縹（ママ）□綿線□纏（ママ）縄□□〔紐鋼カ〕縄

図18　平城宮木簡三〇二八号（奈良文化財研究所所蔵）

絹絶絵緕緬綾縹（ママ）組□纊（ママ）綿線組□繩（ママ）絹絵緬綾□

（重ねて濃く書かれたもの、裏）

・
□□
□□
浮　虜奈□
布帯布　□□□□
支

（最初に薄く書かれたもの、裏）

右の平城宮木簡は「陸奥国裳上郡」という地名表記によって、最上郡が陸奥国から出羽国に移管される和銅五年（七一二）より前のものと見られ、部首順の字書のようなものを見ながら当時習書することもあったことがわかる。おそらく、識字層の人々の多くがそうした習書の経験を持っていたことが、前記のような表記を可能にしたのであろう。

また、漢数字を意図的に列挙した表記も試みられていることもよく知られていることである。

副文的表記

言云者三々二田八酢四小九毛心中二我念羽奈九二（巻十二・二五八一）
（言《こと》に言へば耳にたやすし　少なくも心の内に我が思はなくに）

これらはその取り合わせによって、文脈とは別のおもしろみを醸し出すのである。「二・四・九」が音仮名、「三・八」が訓仮名である。ちなみに、右の平城宮木簡には「伍陸漆捌仇拾」のように数字の習書も見える。

こうした文脈の外部において、その表記に特定の意味を持たせようとした表記の技巧には、次のようなものも見られる。

籠毛与美籠母乳……（籠《こ》もよみ籠持ち……　巻一・一）

「母」は音仮名、「乳」は訓仮名で、「母乳」で「持ち」の表記となるが、その一方で、

「(たらちねの) 母の乳房」というようなイメージを喚起させる。このような、文脈の外部において別のメッセージを表す表記を筆者は「副文的表記」とよんでいる。これは、もちろん音仮名だけでも可能であって、藤原宮跡木簡に見える国名武蔵《むさし》の旧表記「无邪志」はその一例である。

　无邪志国薬桔梗卅斤

ここには「邪《よこしま》无《な》き志《こころざし》」という意味も副《そ》えられているのである。

これに対して、その字義によって語の意味や文脈を補足的に解説するような働きをする表記の技巧も見える。

解説的表記

　旅爾之而物恋之伎爾鶴之鳴毛不所聞有世者孤悲而死万思 (巻一・六七)

　(旅にしてもの恋しきに鶴が音も聞こえずありせば恋ひて死なまし)

右の、恋を「孤悲」と書く表記は音仮名によるものであるが、コヒという音節を表すと同時に「ひとり悲しむ」という意味を二次的に生み出している。そのメッセージは「恋」と響き合うように、その伴奏としてイメージをふくらませている。このような、漢字の本来の字義によって文脈を補足的に解説するような表記を筆者は「解説的表記」とよんでいる。

このような例を音訓交用で見ると、次のようなものがある。

草枕多日夜取世須古昔念而（巻一・四五）

（草枕旅宿りせす古《いにしへ》思ひて〔長歌の一部〕）

「多」は音仮名、「日」は訓仮名で、合わせてタビ〈旅〉の表記であるが、旅は〈多くの日〉の夜を旅先で過ごすのである。

吾屋前之芽子乃下葉者秋風毛未吹者如此曾毛美照（巻八・一六二八）

（我が宿の萩の下葉は秋風も未《いま》だ吹かねばかくぞ紅葉《もみ》てる）

モミテルは、動詞モミツ〈紅葉する意〉の命令形モミテに、存続の意の助動詞「リ」の連体形ルが接続したもので、萩の下葉が美しく〈色づいている〉という意を表している。「毛美」は音仮名であるが、そこに「照」という借訓表記が用いられることで、その紅葉の照りかがやくさまであることを補足的に解説しているのである。

このように、音だけによるのではなく、訓をも交えて音節表記することで、用字の選択肢が増え、表記の世界は一段と多様化したのである。このことによって、表記することの面白さに心を砕くようにもなるのであるが、それは万葉人にとどまるものではない。現代人もさまざまな機会に「当て字」の楽しみを享受しているのであり、音と訓とが織りなす表記の世界にどっぷりと浸かっている。

ところで、音訓の交用を敷衍《ふえん》すると、それは和漢の混淆《こんこう》であることに気づく。つまり、漢字の音、これは漢文（中国語）に由来するものであり、一方、訓とは漢字の字義が対応するところの和語であり、日本語に基づくものである。この両者が一つの語（または文節）の表記において交え用いられるということは、和漢の混淆であり、和漢の融合である。また、それは、テーゼとしての漢文（中国語）と、アンチテーゼとしての和文（日本語）を止揚した表記世界であるともいえる。それ以前とはまったく異なる新たな文字世界がここに現出したのである。

和漢の混淆

音訓交用から漢字万葉仮名交じり文へ

日本語をそのまま音写しようという指向は必然的なものである。その際、音仮名は、すでに中国で行われていた音写という表記法に由来して、主として固有名を書き記すという性格を有していた。これに対して、訓は実質的な意味概念を表し、それが日本語そのものであるがゆえに、次第に和文の基盤として発達していく。そうした、和文という訓字主体の表記においては、たとえば「高志」「与野」などのように、訓が中核をなし、付属的な要素は音仮名で書き記されるというのが音訓の交用表記の濫觴《らんしよう》ではないかということを先に述べた。

このことを文章のレベルに置き換えると、実質的な語は訓で、付属語的な語は音で書き記されるということを意味する。ただ、文章表記の実際を見ると、ここでの音とは表音的に書き表すという意であって、それが音仮名だけでなく、訓仮名や借訓用法にもよっていることは『万葉集』柿本人麻呂歌集の「八」「鴨」などの用法に関連して前述したとおりである。畢竟《ひっきょう》、ここでの「音」とは基本的に万葉仮名のことをさす。つまり、音訓交用の原理を和文という文章表記のレベルで敷衍していくと、実質的な語は漢字の訓で、付属語的な語は万葉仮名で、それぞれ相補的に表記するという表記様式に必然的に辿り着くことになる。すなわち、音訓の交用は、日本語の語音をそのまま表記できる漢字万葉仮名交じり文という表記体を胚胎《はいたい》していたのである。

（ご注意）

・この用紙は、機械で処理しますので、金額を記入する際は、枠内にはっきりと記入してください。また、本票を汚したり、折り曲げたりしないでください。

・この用紙は、ゆうちょ銀行又は郵便局の払込機能付きＡＴＭでもご利用いただけます。

・この払込書を、ゆうちょ銀行又は郵便局の渉外員にお預けになるときは、引換えに預り証を必ずお受け取りください。

・ご依頼人様からご提出いただきました払込書に記載されたおところ、おなまえ等は、加入者様に通知されます。

・この受領証は、払込みの証拠となるものですから大切に保管してください。

収入印紙
課税相当額以上
貼　　　付

印

この用紙で「本郷」年間購読のお申し込みができます。

◆この申込票に必要事項をご記入の上、記載金額を添えて郵便局でお払込み下さい。

◆「本郷」のご送金は、４年分までとさせて頂きます。

※お客様のご都合で解約される場合は、ご返金いたしかねます。ご了承下さい。

この用紙で書籍のご注文ができます。

◆この申込票の通信欄にご注文の書籍をご記入の上、書籍代金（本体価格＋消費税）に荷造送料を加えた金額をお払込み下さい。

◆荷造送料は、ご注文１回の配送につき500円です。

◆キャンセルやご入金が重複した際のご返金は、送料・手数料を差し引かせて頂く場合があります。

◆入金確認まで約７日かかります。ご諒承下さい。

※現金でお支払いの場合、手数料が加算されます。通帳またはキャッシュカードを利用し口座からお支払いの場合、料金に変更はございません。

※領収証は改めてお送りいたしませんので、予めご諒承下さい。

お問い合わせ　〒113-0033・東京都文京区本郷７－２－８
吉川弘文館　営業部
電話03-3813-9151　FAX03-3812-3544

この場所には、何も記載しないでください。

払込取扱票

02 東京

通常払込料金加入者負担

口座記号番号	金額
00100-5-244	千 百 十 万 千 百 十 円 ※

加入者名	料金	備考
株式会社 吉川弘文館		

各票の※印欄は、ご依頼人において記載してください。

ご依頼人・通信欄

フリガナ	
※お名前	
郵便番号	電話
※ご住所	

※

〈この用紙で書籍代金ご入金のお客様へ〉
代金引換便、ネット通販ご購入後のご入金の重複が増えておりますので、ご注意ください。

◆「本郷」購読を希望します

購読開始　　号　**より**

1年　1000円（6冊）　3年　2800円（18冊）
2年　2000円（12冊）　4年　3600円（24冊）
（ご希望の購読期間に○印をお付け下さい）

日附印

裏面の注意事項をお読みください。（ゆうちょ銀行）（承認番号東第53889号）

これより下部には何も記入しないでください。

切り取らないでお出しください。

記載事項を訂正した場合は、その箇所に訂正印を押してください。

振替払込請求書兼受領証

口座記号番号	00100-5-244　通常払込料金加入者負担
加入者名	株式会社 吉川弘文館
金額	千 百 十 万 千 百 十 円 ※
ご依頼人	おなまえ※　　様
料金	日附印
備考	

この受領証は、大切に保管してください。

日本語表記の展開

七世紀後半における散文の和文表記

宣命体の源流——柿本人麻呂歌集略体歌との関係で

宣命体

宣命体《せんみょうたい》とは、次に掲げるように、ほぼ日本語の語順に従って漢字だけで書かれたもので、名詞や活用する語の語幹など実質的要素は大字で、活用する語の語尾や助詞・助動詞など形式的要素は小字で書き分けるという表記様式をいう。これは、日本語における語の分類を意識した画期的なものである。「宣命」とは、宣読《せんどく》する勅命《ちょくめい》の意である。天皇の命令すなわち詔 勅《しょうちょく》には漢文で書かれたものが多いが、『続日本紀《しょくにほんぎ》』には宣命が六二詔所収されており、正倉院文書《しょうそういんもんじょ》の中にも現物が二通伝えられている。

◎正倉院文書天平勝宝九歳瑞字宣命（七五七年）

天皇我大命良末等宣布大命乎衆聞食倍止宣此乃天平勝宝九歳三月二十日天乃賜倍留大奈留瑞乎頂尓受賜波理貴美恐美親王等王等臣等百官人等天下公民等皆尓受所賜貴刀夫倍支物尓雖在今間供奉政乃趣異志麻尓在尓他支事交倍波恐美供奉政畢弖後尓趣波宣牟加久太尓母宣賜爾波汝等伊布加志美意保々志念牟加止奈母所念止宣大命乎諸聞食宣

三月廿五日中務卿宣命

（天皇《すめら》が大命《おほみこと》らまと宣《の》りたまふ大命を衆《もろもろ》聞き食《たま》へと宣りたまふ。この天平勝宝九歳三月二十日、天《あめ》の賜へる大きなる瑞《しるし》を頂《いなだき》に受け賜はり、貴み恐《かしこ》み、親王《みこたち》等・王《おほきみたち》等・臣《おみたち》等・百《もものの》官人《つかさのひとども》等・天下公民《あめのしたのおほみたからども》等、皆に受け賜はり、貴ぶべき物にありと雖《いへど》も、今の間、供《つか》へ奉《まつ》る政《まつりごと》の趣《おもむきこと》異しまにあるに、他《あだ》しき事交《まじ》へば恐《かしこ》み、供へ奉る政畢《をは》りて後に趣は宣らむ。かくだにも宣り賜はねば、汝等《いましたち》いふかしみ、おほほしみ念《おも》はむかとなも念ほすと宣りたまふ大命を諸聞き食《たま》へと宣りたまふ。　三月廿五日、中務卿《なかつかさのかみ》、命《おほみこと》を宣る）

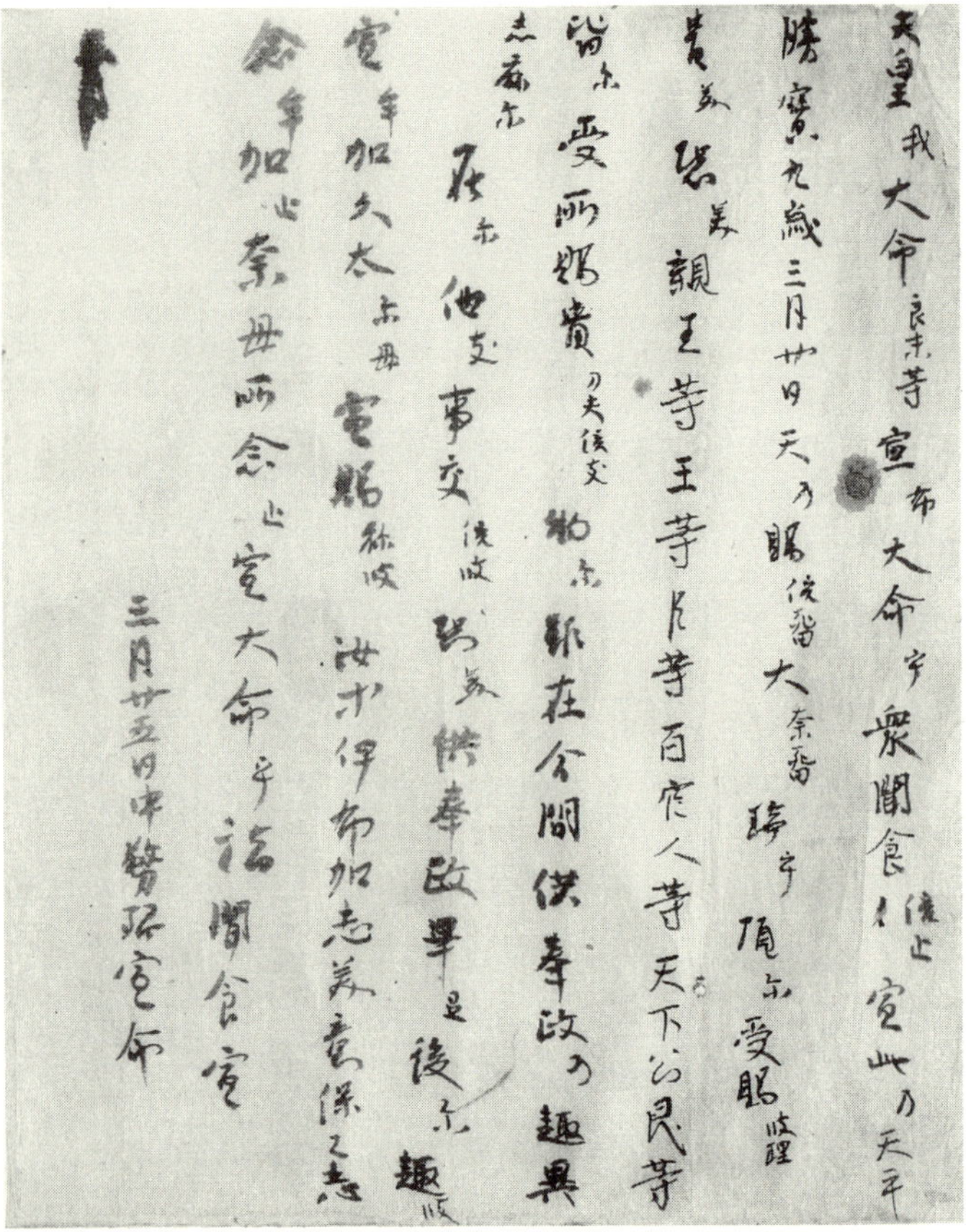

図19　正倉院文書天平勝宝九歳瑞字宣命（正倉院宝物）

これらは大字と小字で書き分けられているが、これに対してすべて大字で書かれた宣命木簡が藤原宮跡から出土している。

・□御命受止食国々内憂白

宣命大書体と宣命小書体

・□止詔大□□乎諸聞食止詔

（・□御命受けよと食《を》す国の国内憂《うれ》へ白《まう》し

・□と詔《の》りたまふ大□□を諸聞き食《たま》へと詔りたまふ）

「……と詔りたまふ大御命を諸聞き食へと詔りたまふ」という宣命の常套句《じょうとうく》が見えている。これは藤原宮時代（六九四〜七一〇）のもので、ここでは「止」「乎」の音仮名が小字で書かれることなく、正訓字と同様に大字で書き記されている。そこで、この種のものですべて大字で書かれたものを「宣命大書体」、大字と小字で書き分けるものを「宣命小書体」と称するようになった。そして、宣命小書体の出現に先だって宣命大書体が成立していたことが確認された。『続日本紀』宣命はすべて宣命小書体で表記されているが、それはもともと宣命大書体で書かれていたものを編纂時に小書体に書き改めたものではないかとも考えられるようになった（小谷博泰『木簡と宣命の国語学的研究』和泉書院、一九八六年）。

おそらく藤原宮時代の第四詔（和銅元年（七〇八））あたりまでは、この時代のものとされ

図20　藤原宮木簡（奈良県立橿原考古学研究所所蔵）

る木簡から見て宣命大書体で書かれていたという可能性が高い。

同じく藤原宮跡からは次のような木簡も出土している。

・卿等前恐々謹解□□

・卿尔受給請欲止申　（藤原宮木簡八号）

（・卿《まへつぎみ》等の前に恐み恐み謹みて解す□□

・卿に受け給はりて請はむと欲《おも》ふと申す）

右は「卿等」への上申文書であって、宣命大書体が、当時において決して宣命という文書に限られる文体ではなかったことも明らかになった。

漢字万葉仮名交じり文としての宣命体

宣命大書体にせよ、宣命小書体にせよ、それらは実質的な要素を主として訓で、形式的要素を万葉仮名（音仮名）で書くという漢字万葉仮名交じり文である。その万葉仮名を仮名に書き換えると、それはほとんど現行の漢字仮名交じり文に近いような体裁ともなる。その意味で、宣命体は日本語表記の展開を考えるうえで重要な位置を占める。この表記様式は、基本的には従来の和文に、万葉仮名によって付属的要素が新たに書き加えられたというものであるが、どのような過程を経て成立したものであるのか、それが従来の和文とはまったく異質の様式であるだけに看過できないテーマである。

この問題を考える前に、まずは、宣命小書体に先立つ宣命大書体についてその表記上の特徴を探り、七世紀後半における他の表記様式との違いを明らかにすることで、表記史の流れのうえにそれを位置づけておきたい。

宣命大書体と人麻呂歌集非略体歌

宣命大書体は、一見、『万葉集』の次のような表記様式と類似しているように見える。

処女等乎袖振山水垣乃久時由念来吾等者（巻十一・二四一五）
（娘子《をとめ》らを袖《そで》布留《ふる》山《やま》の瑞垣《みづかき》の久しき時ゆ思ひけり我は）

右の歌では「を（乎）」「の（乃）」「ゆ（由）」という助詞が大字で書き記されているのが特徴的である。このような体裁のものを『万葉集』所収の柿本人麻呂歌集のうちで、非略体歌とよんでいる。助詞「て」などの付属語が極端に少なく表記された歌を略体歌とよぶのに対して、付属語をかなり忠実に表記した歌を指す。この略体歌と非略体歌の関係については、もう少し後に譲ることにして、ここでは宣命大書体と柿本人麻呂歌集非略体歌の表記との関係について考えておきたい。

前記のような外面的類似から、宣命大書体を非略体歌の表記と同義で用いることがあり、また非略体歌の表記から宣命大書体が生じたという説も提出されている。しかし、この両者には明らかに異なる点が多い。

たとえば、次のような付属語を表記した「嘗」のような訓仮名は『続日本紀』宣命や藤原宮跡出土の宣命木簡には見えない。

恵得吾念妹者早嘗死耶雖生吾迩応依人云名国（巻十一・二三五五）

（うつくしと我が思ふ妹《いも》ははやも死なぬか生けりとも我に寄るべしと人の言はなくに）

非略体歌では借訓の用法がかなり多く見られ、たとえば次の歌では「荒足」「鴨」という借訓表記を交えている。

黒玉之夜去来者巻向之川音高之母荒足鴨疾（巻七・一一〇一）

（ぬばたまの夜さり来れば巻向《まきむく》の川音高しも嵐《あらし》かも疾《と》き）

これに対して、元来は宣命大書体であったと推定される『続日本紀』宣命の第四詔までを見ても、「津」の例しか認められない。しかも、「天津日嗣」（第一詔）の「津」は「天津日子根命」（『古事記』・上）、「天津瑞」（同・中　神武）、「天津御門」（『万葉集』巻二・一九九）などともあるように、「天津」そのものがいわば正訓のように用字として定着していたものと見られる。これを除くと、宣命大書体に借訓用法は見当たらない。

音仮名字母の違い

さらに、両者の違いは所用の音仮名においても見られる。宣命大書体ではト（乙類）に前述したように「止」が用いられており、『続日本紀』宣命の第四詔までにもト（乙類）には「止」だけが使用されている。これに対して、非略体歌はもちろん、『万葉集』全般においても「止」はまったく用いられていない（『万葉集』巻十八に「止」の使用が五例見えるが、いずれも平安時代に別人によって補修されたものと認められる〔大野晋「万葉集巻十八の本文に就いて」『国語と国文学』二二巻三号〕）。

皇祖乃神御門乎懼見等侍従時尓相流公鴨（巻十一・二五〇八）

（天皇《すめろき》の神の御門《みかど》を恐みとさもらふ時に逢へる君かも）

『万葉集』では右のような「等」のほか、「登」などを用いている。「止」は呉音・漢音ともシであって、トと読むのは古音に基づく。この「止」は、七世紀半ばごろ（福岡県太宰府市宮ノ本遺跡出土須恵器刻書「已止次止」）に現存最古の使用が確認でき、筑前国大宝戸籍帳・万葉仮名文書（二〇〇ページ参照）・平城宮木簡など文書の世界ではト（乙類）に頻用される仮名である。これに対して、『万葉集』、そして『古事記』『日本書紀』も同様であるが、それらにはまったく「止」の使用が見られない。それは、字音体系として呉音が普及し、古音に基づく「止」の使用を意識的に避けたためであろう。

このことはキ（甲類）の音仮名「支」にも当てはまる。たとえば『続日本紀』第一詔には次のような使用例が見える。

明支浄支誠之心以而（明《あか》き浄《きよ》き誠の心を以て　第一詔）

このほか、「支」をキ（甲類）に用いるものに、美濃国大宝戸籍帳・万葉仮名文書・平城宮木簡などがあって、「止」と同様に実用的な文書の世界で用いられた。これもキと読むのは古音によるものであって、呉音・漢音ではシである。

和歌や正史などの文芸的な世界において、万葉仮名としてトに「止」が、キに「支」が用いられていないことは、呉音という有力な字音体系を体得した人々によって意図的に万葉仮名が選別されていた事実を物語る。実用的な文書と文芸的な著作という、相異なる表記の場において文字が選択されていたことは、当時の人々の言語意識を考えるうえで興味深い事実である。

古音の万葉仮名

ところで、推古朝以来の記録文においては万葉仮名として音仮名が優勢である。前述したように訓の出現後は音訓を交用する表記も見えるようになるが、それでも、たとえば「阿麻古」［アマコ］（『菩薩半跏像銘』六〇六年）、「左古臣・布奈太利古臣」［サコ臣・フナタリコ臣］（『観音菩薩立像銘』六五一年）、「汙麻尾古」［ウマミコ］（『光背』六五八年）、「斯多々弥足尼」［シタタミ（の）スクネ］（『山ノ上碑文』六八一年）など、総体としては音仮名が多い。そして、右のようにコ（甲類）には「古」、マには「麻」というような、特定の万葉仮名が常用されていることも見逃せない。この背景には、おそらく、実用的な書記活動において、次第に使用する万葉仮名が整理され、常用的な万葉仮名字母表のようなものが形成されてきたことが考えられる。どの万葉仮名がその字母表のようなものに登録されていたかということは、史料の制約上現時点では必ずしも確定できないが、前記の「古」「麻」や「止」「支」などは、実用的な文字使用の世界ではそのうちの一つであったであろう。「奇・宜・移」のような古音に基づく万葉仮名が衰滅したのに対して、同じく古音によるト（乙類）の「止」、キ（甲類）の「支」が後世まで用いられたのは、画数の少ない簡略で実用的な字形であったことによるのであろう。また、時として、シ―ト乙（止）、シ―キ甲（支）というような、当代の発音との隔たりの大きさが、逆に音仮名として特定されることもあったであろう。「止」がこれも古音に基づく「乃」と同様、今日の平仮名「と」「の」、片仮名「ト」「ノ」の字源にあたることも、それが実用的な万葉仮名であったことを例証するものである。

宣命大書体の源流

このように、金石文などの記録の表記世界で実用的な万葉仮名として用いられてきた音仮名が、そのまま宣命大書体へ受け継がれていったと見られ、このことは宣命体（宣命大書体）そのものの由来を物語るように思われる。宣命大書体に訓仮名が排除されているのは、音仮名による字母表がすでに実用的な文書の世界では通用しており、それを踏襲《とうしゅう》して音節表記に用いたからであって、そのため結果的に訓仮名の使用が見られないのであろう。

これに対して、歌の表記では、古音に基づく万葉仮名を積極的に回避し、さらに個人的な嗜好《しこう》にもよって訓仮名を含む借訓表記が多様に行われるに至ったと考えられる。仮に宣命大書体が非略体歌のような表記を母胎として派生したとすれば、歌の表記という特殊な場での表記法を、実用的な文書の世界に応用し、さらに当代音（呉音）に基づくのではなく、古音に基づく万葉仮名にわざわざ戻したということになるが、そうした道筋は不自然である。所用の万葉仮名の点からも、宣命大書体が非略体歌のような表記と同類であるという見方は成り立たない。そして、宣命大書体の源流は、金石文や実用的な文書などの流れを汲む和化漢文を直接の母胎としていると考えられる。

七世紀の和文と宣命大書体の成立——伊場遺跡出土木簡

「漢文」か「和文」か

ここで、宣命大書体との関係で、改めてその源流となる和文の表記について考えることにするが、その前にこの「和文」という名称について一言述べておきたい。一般に、語順や敬語表現などの日本語的な要素を含む漢文を和化漢文、または変体漢文とよんでいる。しかし、訓を前提として日本語の文章を表記したものを「和化」もしくは「変体」という語を冠するにせよ、「漢文（中国語文）」とよぶのは奇異である。確かに、それは漢文には外見上似てはいるが、中国語で読む、もしくは読めるのではなく、日本語の表現を前提として、それをふまえて表記したものである。

春楊葛山発雲立座妹念（『万葉集』巻十一・二四五三）

（春楊《はるやなぎ》 葛城山《かづらきやま》に立《た》つ雲の立ちても居《ゐ》ても妹《いも》をしぞ念ふ）

たとえば右の歌は明らかに日本語文であり、漢字を用いているから「漢文」というのは実態に合わない。漢字を用いていると言うのならば「漢字文」とでもよぶべきものである。したがって、日本語の表現を文字化した文章は「和文」とよぶのが適当であり、そのうち付属語などを省略した表記であるならば「略体和文」という名称がふさわしいと思われる。ただ、その初期の段階では、無意識に誤って日本語的要素を混えてしまった漢文（これは「和化漢文」と称してもよかろう）なのか、日本語の表現を文字化した和文なのか、両者の判別はむずかしい。その意味で、本書では、これまで「和化漢文」という名称をも用いてきたが、少なくとも七世紀中葉以降の『法隆寺金堂四天王像銘』『観音菩薩立像銘』（前述参照）などは明らかに日本語の表現をふまえた表記様式であると認められる。これまでの記述でも「和文」という語を使用してきたが、そこには表記意識のうえで相当の隔たりがあることを明記し、改めて定義付けをしておく。

日本語の語順のままの表記

そこで、七世紀中葉以降の和文を、その表記の特徴から二、三見ることにする（七世紀中葉までの史料については前述参照）。その特徴の第一は、語順が日本語のままである点である。これについては先に『法隆寺金堂四天王像銘』でも確認したところであるが、この類をさらにあげると七世紀後半の散文では次のようなものがある。

◎『山ノ上碑』（群馬県高崎市山名町　六八一年）

辛巳歳集月三日記　佐野三家定賜健守命孫黒売刀自此新川臣児斯多々弥足尼孫大児臣娶生児長利僧母為記定文也　放光寺僧

（辛巳歳集月三日記す。佐野の三家《みやけ》を定め賜ひし健守命の孫、黒売刀自、此を新川臣の児、シタタミのスクネの孫、大児臣、娶《めと》りて生みし児、長利僧、母の為に記し定める文ぞ。放光寺僧）

「佐野の三家を定め賜ひし」「此を……大児臣、娶りて」や「母の為に」は日本語の語順どおりの表記である。

◎西河原森ノ内遺跡出土二号木簡（滋賀県野洲《やす》郡中主《ちゅうず》町　七世紀第4四半世紀）

・椋□□之我□□稲者□□得故我者反来之故是汝卜部

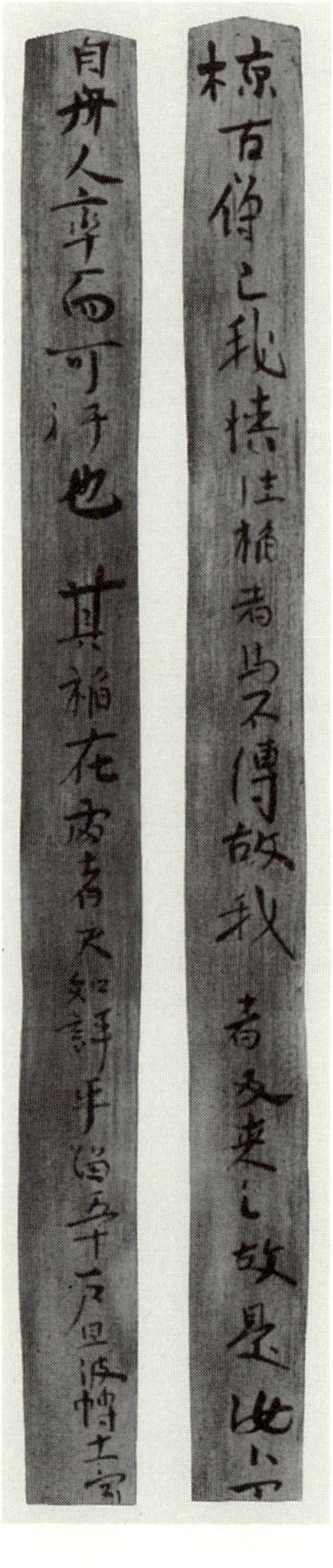

図21　西河原森ノ内遺跡出土二号木簡（滋賀県立安土城考古博物館所蔵）

・自舟人率而可行也　其稲在処者衣知評平留五十戸旦波博士家

（・椋《くらの》〔直伝ふ〕。我が〔持ち往かむ〕稲は〔馬〕得ぬが故に、我は反《かへ》り来ぬ。故《かれ》、是に汝卜《うら》部《べ》、自ら舟人率《ゐ》て行くべし。その稲の在処《ありか》は衣知《えち》評《のこほり》平留《へるの》五十戸《さと》の旦波博士《たにはのふひと》の家ぞ。）

「馬不得故」は「馬（を）得ぬが故に」、「自舟人率而」は「自ら舟人（を）率て」の表記と見られる。漢文の語序としては「不得馬故」「自率舟人而」とあるべきところである。

◎『法隆寺薬師仏像銘』（法隆寺蔵　天武持統朝ころ製作か）

池辺大宮治天下天皇大御身労賜時歳次丙午年召於大王天皇与太子而誓願賜我大御病太平欲坐故将造寺薬師像作仕奉詔然当時崩賜造不堪者小治田大宮治天下天皇及東宮聖王

大命受賜歳次丁卯年仕奉
（池辺《いけのべ》大宮に天下治めしし天皇、大御身《おほみみ》労《いたづ》き賜ひし時は、歳丙午《へいご》に次《やど》る年なり。大王《おほきみ》天皇と太子とを召して、誓願《ちかひねが》ひ賜ひしく、「我が大御病大平ならむと欲《おもほ》し坐《ま》す。故《かれ》、寺を造り薬師像を作りて、仕奉らむ」と詔りたまひき。然《しか》れども、当時《そのとき》に崩《かむあが》り賜ひて造り堪《あ》へねば、小治田《をはりだ》大宮に天下治めしし大王天皇と東宮《ひつぎのみこ》聖王と、大命受け賜はりて、歳丁卯《ていう》に次る年に仕奉る。）

右のうち、「薬師像作」は「薬師像を作りて」、「大命受賜」は「大命を受け賜はりて」と読むことができ、目的語が動詞に先立って記されている。これらは、日本語の語順に従って、専《もつぱ》ら漢字の訓を用いた表記様式である。

敬語の表記

第二に、尊敬語「たまふ」「おほみ」、謙譲語「まつる」などの敬語表現が書き記されている点である。『山ノ上碑』に「定賜」、『法隆寺薬師仏像銘』にも「大御身」（「おほみ」は後に「おほん」となる）「労賜」「仕奉」などが見える。このうち、『法隆寺薬師仏像銘』の「大御身労賜時……大御病太平欲坐」は『続日本紀』宣命の「朕御身労坐故暇間得而御病欲治」（第三詔）と表現が酷似している（徳光久也『上代日本文章史』五一八ページ）。これに類似する表現は、『菩薩半跏像銘』（野中寺蔵　持統四年（六九

○）以降の成立か。東野治之「天皇号の成立年代について」『正倉院文書と木簡の研究』塙書房）にも見える。

丙寅年四月大旧八日癸卯開記栢寺智識之等詣中宮天皇大御身労坐之時誓願之奉弥勒御像也友等人数一百十八是依六道四生人等此教可相之也

（丙寅年四月大旧八日癸卯開記す。栢《かへ》寺の智識ら、中宮天皇大御身労きましし時に詣《いた》りて誓ひ願ひて弥勒御像を奉る。友らの人数、一百十八。是に依りて六道四生の人等、この教に相《あ》ふべし。）

木簡においても、飛鳥池遺跡出土木簡（七世紀末）に次のような例が見える。

・恐々敬申　院堂童子大人身病得侍
・故万病膏神明膏右□一受給申　願恵 知事

（・恐み恐み敬みて申す。院堂の童子・大人、身に病を得て侍《はべ》り。
・故、万病膏・神明膏、右□一つ受け給はらむと申す。　願恵／知事）

右の「病得侍」は「病得て侍り」、「受給」は「受け給はる」と読める。補助動詞「はべり」は平安時代以降にしか見えないもので、これを「得侍り」と見れば、その用例が七世紀末に遡ることになるが、ここでは謙譲語の本動詞と見るのが穏当であろう。また、「病得」のように目的語が動詞に先行しており、語順も日本語に従っていることは明らかである。

このように、和文としては当然のことであるが、日本語の語順に即した語順が七世紀第4四半世紀には散文に多く確認できるのである。相当に和化された表記であることは瞭然であろう。

宣命大書体と略体和文との共通性

一方、宣命大書体も日本語そのものをその語順に従って表記したものであることはいうまでもない。

◎藤原宮木簡

・□御命受止食国々内憂白

・□止詔大□□乎諸聞食止詔

・□　詔大命乎伊奈止申者
　　使人和□□

・　頂請申

〔訓読文は一二三ページを参照〕

・卿等前恐々謹解□□　（藤原宮木簡八号）
・卿尓受給請欲止申　〔訓読文は一二四ページ参照〕

たとえば、第一例の「□御命受」は「受けよ」の目的語「□御命」が日本語の語順どおり動詞の上に記されている。第二例の「詔大命乎伊奈止申者」も「詔りたまふ大命をいなと申す」などと読め、また第三例の「卿等前恐々謹解」も日本語の語順に従った表記である。

そして、オホミコトの「大命」「大御命」など、マヲスの「白」「申」、ヲス・メスの「食」、タマフの「給」など、敬語表現にも心を配っている状況が如実《にょじつ》である。これら敬語表現を積極的に表記しようとしている点は先の「略体和文」と共通している。

ただ、この両者が決定的に異なる点は「略体和文」が漢文の助字内だけで付属語を表記するのに対して、宣命大書体は漢文の助字では表記できない助詞などの類をも、しかも音仮名で表記する点である（たとえばヲ「乎」、ト「止」など）。このように両者には画然とした差異が認められるのであるが、この間隙を埋めるような史料として、次の伊場《いば》遺跡（静岡県浜松市）出土木簡が掲げられる。

伊場遺跡出土木簡

乙酉年二月□□□□□御□久何沽故□□□

□御調矣本為而私部政負故沽支□者

□天□□□□□□不患上白

「乙酉《おつゆう》年」は天武十三年（六八四）に当たるもので、「御調矣本為而私部政負故沽支」は「御調《みつき》を本として、私部《きさいべ》政負ふが故に沽《う》りき……」と解釈できる。まず、「矣」であるが、これは目的格を表す助詞「を」を表記したもので、このような例は『万葉集』柿本人麻呂歌集や『古事記』にも見える。

図22　伊場遺跡出土木簡八四号（静岡県・浜松市博物館所蔵）

我妹吾矣念者真鏡照出月影所見来（『万葉集』巻十一・二四六二　これは一般的に略体歌とされている）

（我妹子《わぎもこ》や我を思はばまそ鏡照り出《い》づる月の影に見え来ね）

天逆手矣於青柴垣打成（『古事記』上）

（天の逆手《さかて》を青柴垣《あをふしがき》に打ち成して）

「矣」は漢文では本来、話し手の強意を表す語気詞で、日本語の間投助詞「を」（強調などの意）に相当する。その間投助詞「を」は文中で対象を表す場合にも用いられるため、借訓として右のように用いたものである。そして、「支」については、後続部分に欠損があるため確実ではないが、「支」が実用的文書ではキ（甲類）の専用の音仮名であったことから、おそらく音仮名の用法である可能性が高く、過去の助動詞「き」を表したものかと見られる。そうだとすれば、これは音仮名によって付属語を表記した宣命大書体の表記様式となる。

宣命大書体の由来

略体和文からの発展の過程においては、付属語表記が必ずしも音仮名だけでなく、借訓表記でもなされていたという事実は重要である。それは「略体和文」が訓字主体であったことによるもので、助詞「て」の「而」、「は・

ば」の「者」、「の」の「之」が訓による表記とも認められるように、「矣」も訓を借りて転用されているのである。訓という等質性によって、訓字主体に借訓が交え用いられることに特に違和感はなかっただろう。そして、それが訓仮名に準ずるような表記であると見るならば、万葉仮名（音仮名）による新たな付属語表記へと発展する契機ともなる。それが「支」の表記として現れたのであろう。

宣命大書体かと見られる文書木簡には次のようなものもある。

◎西《にし》河《が》原《わら》森ノ内遺跡木簡（滋賀県野洲郡中主町　七世紀第4四半期）

・十一月廿二日自□大夫□前□白奴吾□□賜□

・□匹尓□□……□□寵命坐□〔而カ〕今日□□　□□□□□

（十一月廿二日、京より大夫□前に謹みて白す。奴吾、……寵命に坐して今日……）

◎小敷田遺跡木簡（埼玉県行田市　八世紀初頭前後）

・□□直許在□□代等言而布四枚乞是寵命座而

・□乎善問賜欲白之

（□□直の許に在る……代と言ひて布四枚を乞ふ。是に寵命に座して……を善く問ひ賜へむと欲ふと白す）

「寵命坐□」「寵命座而」はともに「寵命に坐（座）して」という和文表記であり、そのような和化の観点から見ると、前者の「□匹尔」は「尔」で始まるのではなく、「…匹に」という宣命大書体かもしれない。後者の「代等言而」は「代と言ひて」、「乎善問賜」は「を善く問ひ賜へむと」という宣命大書体であることは明らかである。

宣命大書体成立の背景

このような宣命大書体が吏道《りと》（吏読・吏吐）の影響によるものであるという説（小倉進平「朝鮮語と日本語」『国語科学講座2』明治書院、一九三四年、所収）はそのままでは首肯することはできない。それは、借音用法をも含む後世の「吏道」に類するものが、七世紀以前の朝鮮金石文には確認できないからである。ただし、トに相当する「為」が『南山新城碑』（五九一年）に見え、また「矣」のような語気詞からの転用である借訓用法が宣命大書体の源流に存することから、朝鮮三国の「俗漢文」との関係を無視することはできない。六六三年に百済が滅び、大挙亡命してきた渡来人などがそのヒントを与えた可能性は十分に考えられる。

これに対して、国内での事情を見ると、実用的な文章表現において日本語の語順に合致した字順で表記され、待遇表現にも留意する記載様式がかなり整いつつあったことは前述したとおりである。また、音訓の交用や訓仮名の用法も七世紀中葉には確認でき、「高志」

（徳島市国府町観音寺遺跡出土木簡　六六〇年ごろ）のように、実質的要素と形式的要素を訓と音で分析的に書き分けるという表記法も一般化している。それらを背景として、漢文的表記との対照によって付属語の仮名表記が次第に意識されるようになってきていたことも確かである。

七世紀後半において、宣命大書体の成立の契機は文書という実用的世界でも自ずと芽生えており、またそれを助長させる動きもあったかと見られる。伊場遺跡木簡は宣命大書体というよりも、「万葉仮名交じり略体和文」とでも称すべきもので、宣命大書体成立直前のようすをうかがわせる表記である。そして、付属語的な要素はすべて音仮名で表記するという音訓交用の原理を際立たせることで、宣命大書体は成立したのである。

宣命小書体の成立――飛鳥池遺跡出土木簡

最古の宣命小書体

現存最古の宣命小書体は藤原宮出土木簡に確認できる（小谷博泰「藤原宮木簡の用字および表記について」『木簡と宣命の国語学的研究』所収、一六九ページ参照）。

二斗出買□御取牟可□

図23　飛鳥池遺跡出土宣命木簡（奈良文化財研究所所蔵）

時尓和

（二斗出だし買はば取らさむ……時に……）

前者の解読は必ずしも容易ではないが、「牟」はおそらくトラムもしくはトラサムなどと読むべき助動詞「む」に相当する表記と見られ、後者の「尓」はトキニの助詞「に」に当たるものであろう。この「牟」「尓」の小字は偶然の所産ではなく、明らかに付属語を意図的に小字表記したもので、疑いなく宣命小書体であると認められる。

八世紀初頭前後と見られる屋代遺跡木簡（二六号）にも右寄せの小字表記が認められる。

御前尓　□［□□□布布加多／□荒□□□□□］

また、飛鳥池遺跡の隣接地から発見された木簡には、大書体と小書体とが同時に見える。

世牟止言而

□止飛鳥寺

（せむと言ひて、……と飛鳥寺）

この木簡は七世紀末から八世紀初頭のものと見られている。また、右寄せに小書するのではなく、中央に小書するものも見える。

・□々諸々尓味有酒又味物

（平城宮木簡三一九三号）

図24　平城宮木簡三一九三号（奈良文化財研究所所蔵）

図25　平城京跡木簡「入奈加良」（奈良文化財研究所所蔵）

・忽尓相有時□矣也
（・□々諸々に味有る酒また味き物
・忽に相へる時□なり）

右は伴出木簡から養老・神亀（七一七〜七二九年）ごろのものと推定されているが、小書することによって付属的要素を明示したものである。いずれも、大書体から小書体への過渡的な様相を呈している。

このように小書体発生の時期は、少なくとも藤原宮時代に遡るのであるが、その一般化という点では、もう少し下ると見るのが穏当であろう。ちなみに、複数の音仮名を小字一行表記したものとしては、次の平城京木簡の例が古い。

□□入奈加良進出御帳□辛櫃□　（平城京木簡）

（□□入れながら進《たてまつ》り出《い》だす御帳□辛櫃□）

この伴出木簡には和銅年間（七〇八〜七一五年）の年記を有するものがある。今のところ、宣命小書体は和銅・養老（七〇八〜七二四年）ごろにはかなり普及していたのではないかと考えられる。

宣命小書体の由来

宣命小書体は、つとに説かれているように、正訓字を大字表記し、音仮名を小字表記することで、読み理解しやすくするために生じたものと見られる。宣命は宣命使が実際に読み上げて伝えるという文書であるから、そこには内的必然性が認められるのである。宣命体では、訓仮名および借訓表記を排除していることから、借音表記のみが小字で書かれることで万葉仮名として特定される。また、小字が文節の切れ目（境界）をも表示することで、訓読に資するところ大であっただろう（北川和秀「続紀宣命の大字小字について」『国語学』第一二四集参照）。

このような、文字の大小という対照的表記は、やはり漢籍や仏典の注釈・音義の類からヒントを得たもので、被注字に対して小字の音仮名で訓を明示するという訓注形式に倣《なら》ったものであろう。この点については、宣命大書体から宣命小書体への移行を、漢籍の音注すなわち漢字の音に関する注記の補入形式がヒントになったという説があるが（小谷博泰「藤原宮跡出土の宣命木簡に関して」『木簡と宣命の国語学的研究』所収）、それは音注というよりも、訓注すなわち漢字の訓読に関する注記にこそ、その契機を認めるべきであろう。

訓注の形式

そこで、再び北大津遺跡出土木簡（滋賀県大津市）における訓注についてみてみよう。そのうち、万葉仮名で読みを示したものを再び次に示す。

賛　田須久　［タスク］
誈　阿佐ム加ム移母　［アザムカムヤモ］
精　久皮之　［クハシ］

これらは第一義的には日本語の語音を注記したものである。万葉仮名による和訓を有するものとしては、奈良時代成立のものに善珠撰『成唯識論《じょうゆいしきろん》述記序釈』、信行撰『大般若経《だいはんにゃきょう》音義』や『新訳華厳経音義私記《けごんきょうおんぎしき》』などのあることが知られている。中でも、『成唯識論述記序釈』では次のように、原文の訓読そのままに、その漢字に対応する文節全体が音仮名で注記されている。

行墜　於知奈牟止須流尓　［オチナムトスルニ］

誕　有美弖　［ウミテ］
秀　比伊天多利　［ヒイデタリ］
迹　阿土乎　［アトヲ］

体言の場合は助詞を、活用語の場合は助詞・助動詞などの付属語的部分全体を含むように原則的に文節を単位として、漢文和訳における、いわば逐字訳が示されている。前記のアザムカムヤモの訓注は、その注の形式において『成唯識論述記序釈』の訓注とまったく同じ性質のものである。音仮名「移」は推古朝から見られる古音系のヤの仮名であって、『日本書紀』にも見えるものの、七世紀後半にふさわしい字母でもあり、この木簡の出土によって漢文訓読の逐字訳を訓注として表記する形式が奈良時代よりさらに古い時代に遡ることが明らかになったのである。

ちなみに、こうした訓注の形式が『古事記』の訓注に受け継がれていることも注意される。

二柱神立訓立云多多志天浮橋而　（上巻）
（二柱の神、天浮橋に立たして［立を訓みてタタシと云ふ］）

画鳴訓鳴云那志而　（上巻）
（画《か》き鳴して［鳴を訓みてナシと云ふ］）

生奈何訓生云宇牟下效此（上巻）

（生むこと奈何《いか》に〔生を訓みてウムと云ふ。下、此に效《なら》へ〕）

右の「立天浮橋而」は「天浮橋にたたして」、「画鳴而」は「画きなして」、「生如何」は「うむこと如何に」のように、『古事記』の訓注はその原文におけるそのままの訓を示している点で、先の系譜を引くものである。太安万侶《おおのやすまろ》が「辞理の見え叵《がた》きは注を以ちて明らかにし」と序文に記すことができたのも、そうした訓注の方式が『古事記』成立以前にすでに確立されていた背景があったからである。そして、『万葉集』巻十六・三八三九番歌の「懸有反云佐我礼流」（懸有の反、サガレルと云ふ）という注記もこの方針に従ったものである。

宣命小書体の成立と展開

話が訓注の表記形式に逸れてしまったが、訓注が本文の文脈と不可分の関係にあることを確認しておきたかったからである。むろん、訓注の万葉仮名が小字であることは漢文における注記形式に倣ったものであり、観音寺遺跡出土木簡（七世紀末ごろ）にもそのような右寄せの小字一行注記が見られる。

椿　ツ婆木　［ツバキ］

このように、訓注の形式は、その小字表記によって万葉仮名を際立たせ、文脈上における語形を明示するのである。そして、この訓注のうち、被注字そのものの実質的な意味の部分（漢字の訓そのもの）を重複するものとして省いたところに、結果として宣命小書体が見られるといってもよい。たとえば、「迹阿土乎」を例にすると、訓注の「阿土」は「迹」そのものの訓であるから、これを余剰のものとして省くと「迹乎」となる。これが小字表記されることによって、訓注の一変種となって、新たな表記様式をもたらしたのである。すなわち、万葉仮名で小書された部分は、結果的に付属語であって、そうした付属語を小字で、自立語を大字で書き分けようと意識し、音訓交用の原理、すなわち付属語を音仮名で、自立語を訓で表記することをさらに徹底させていったところに、語の分類の新たな地平が開けたともいえよう。

七世紀の末に、木簡のような実用的な文書において宣命小書体が用いられるようになっていたのは、日本語の語音のまま表記しようとする方向を強く目指した、その時代にむしろ即応した表記体であったといえよう。そして、それが宣命祝詞《のりと》や文書などの実用的世界ではかなり用いられたのに対して、文芸的世界に普及しなかったのは、おそらく文芸的な世界においてはテクストとしての漢文（無注本）の表記様式に価値を置いて、それを正当なものと意識していたことに基づくのであろう。

歌の文字化

歌における二つの表記様式——『万葉集』柿本人麻呂歌集

『万葉集』の編纂

口頭による伝達を書きことばとして定着させるという営為において見逃せないのが、歌の文字化である。口承文芸としての歌謡の表記は、実用的な文章表記とは違った展開を見せているからである。

『万葉集《まんようしゅう》』の冒頭には「大泊瀬幼武天皇《おおはつせわかたける》」（雄略《ゆうりやく》）の作とされる歌が置かれていて、その作者から見ると和歌は五世紀代までも遡ることになる。

籠毛与美籠母乳布久思毛与美夫君志持此岳尓菜採須児家吉閑名告紗根虚見津山跡乃国

者押奈戸手吾許曾居師吉名倍手吾己曾座我許背歯告目家呼毛名雄母

（籠《こ》よみ籠持ち　ふくしもよみぶくし持ち　この丘に菜摘《つ》ます子　家訊《き》かな　名のらさね　そらみつ大和の国はおしなべて我こそ居れ　しきなべて我こそ座せ　我にこそはのらめ　家をも名をも）

しかし、これは後に作者を仮託したものであって、『稲荷山古墳鉄剣銘《いなりやまこふんてつけんめい》』にも見えるワカタケル（雄略）が当時においては古い時代の代表的な天皇であると考えられていたことによるのであろう。そして、このような表記が五世紀のものではなく、かなり新しいものであることは、本書のこれまでの記述から明らかであろう。

そもそも、『万葉集』は奈良時代の成立とされているが、それは最終的に二〇巻としてまとめられたということを意味する。その成立に至るまでの過程はかなり複雑で、その原初的なものは七世紀末の持統朝に柿本人麻呂《かきのもとひとまろ》によって編集されたのではないかとする説が有力である。

ところで、『日本書紀』の天武《てんむ》四年（六七五）二月九日条に、大和《やまと》・河内《こうち》などの国々に対して、上手に歌が歌える男・女や、侏儒《ひきひと》・伎人《わざひと》を選んで貢上せよという詔《しょう》勅《ちょく》が見え、民間の歌謡を宮廷に取り入れたことが知られる。律令国家の整備をめざす天武朝においては、礼楽《れいがく》思想に基づく一環として音楽を重視し、歌謡を収集する必要性があったのであろう。これに先立って、天武二年（六七三）五月一日条には、中央豪族に対する出身法が定められた記事があり、吉田義孝は、柿本人麻呂がこの出身法に基づいて天武朝の比較的早い時期に舎人《とねり》という身分で出仕した可能性を指摘している（「柿本人麿研究における略体歌の位置――民謡性の問題を中心として――」『文学』一九六三年五月号）。人麻呂の事績を考えると、出身法の、その才能を選んで、それにふさわしい仕事につかせるという方針のもとで、歌を司《つかさど》る職に従事したという蓋然《がいぜん》性は高い。それ以前にも歌を書き記すという行為はあったかもしれないが、少なくとも大規模に歌を収集し、文字化していくという営為が天武朝において始まることは確かである。そして、その表記のスタイルが後の『万葉集』に引き継がれていったと見るのが自然で、それは『万葉集』に柿本人麻呂歌集からの引用歌が三六〇以上にものぼるということからも、それが重視され、大きな影響を及ぼしたことが知られる。それゆえ、『万葉集』の原型ともいうべき歌集の編纂者に柿本人麻呂が比定されるということにもなるのである。しかも、歌の文字化を考えるうえで柿本人麻呂が特筆されるのは、その名前を冠した「柿本人麻呂歌集」にその具体的過程をたどれるからである。

人麻呂歌集の二つの表記様式

それでは実際に人麻呂歌集の表記を見てみよう。そこに所収されている歌には、次のように大きく異なる二つの表記様式が見られる（次の〔 〕内では活用語尾はその訓に含まれるものとして、補読すべき要素のみ仮名で示す）。

A　正訓を主として付属語の表記がかなり少ないもの

春楊葛山発雲立座妹念（巻十一・二四五三）
〔春楊葛山に発雲の立ても座ても妹をしぞ念〕
（春楊《はるやなぎ》葛山《かづらきやま》に立《た》つ雲の立ちても居《ゐ》ても妹《いも》をしぞ念ふ）

解衣恋乱乍浮沙生吾有度鴨（巻十一・二五〇四）
〔解衣の恋乱乍浮沙生ても吾は有度鴨〕
（解衣《とききぬ》の恋ひ乱れつつ浮沙《うきまなご》生きても吾は有り度《わた》るかも）

B　付属語の類をもかなり忠実に表記するもの

敷栲之衣手離而玉藻成靡可宿濫和乎待難爾（巻十一・二四八三）
〔敷栲之衣手離而玉藻成靡可宿濫和乎待難爾〕
（敷栲《しきたへ》の衣手《ころもで》離《か》れて玉藻《たまも》なす靡きか寝《ぬ》らむ我を待ちかてに）

Aの二四五三番歌は各句とも二字ずつで実質的な語だけが表記されていて、助詞「に・て・を・も・し・ぞ」の付属語はまったく書かれていない。このような表記は飛鳥池遺跡から出土した漢詩風の木簡を思い起こさせる。

・白馬鳴向山　欲其上草食

・女人向男咲　相遊其下也

（白き馬、鳴きて山に向かひ、その上の草食《く》はむと欲《おも》ふ。女人《をみな》、男に向かひて咲《わら》ひ、その下に相ひ遊ぶ。）

右は五言絶句風ではあるが、押韻《おういん》がなく漢詩のルールに合わない。しかし、当時の人々はこのような漢詩風の体裁で詩歌を作ることを楽しみとしていたことは疑いない。日本語の付属語の類を書かずに漢詩風に歌を表記しようという試みは、漢字を用いる限りにおいて、その背景にある漢文の書き方を意識せざるをえないことから、自然な発想であろう。

ただ、二四五三番歌が飛鳥池遺跡出土の漢詩風木簡と根本的に異なるのは、「山に向かふ」が「向山」と返読するように表記されているのに対して、「妹をしぞ念ふ」はそのまま日本語の語順に従って「妹念」と書かれている点である。人麻呂歌集では、このような目的語や補語の返読表記は原則として見られない。その意味で、略体和文を基盤としていることは明らかである。

次に二五〇四番歌を見ると、同じく助詞の「の・て・も・は」が無表記である。その一方で、助詞「つつ・かも」が書かれているものの、付属語の表記はいまだかなり少ないという段階である。

これに対して、Bの二四八三番歌は付属語の類もすべて表記されていて、無表記のものは見えないのである。このBのような表記様式はAの類とは相当の隔たりがあり、異質のもののように感じられる。

略体歌から非略体歌へ

このような二つの異なる表記様式に最初に着目したのは、江戸時代の国学者である賀茂真淵《かものまぶち》（『万葉考』）であった。それ以来、この両者の関係は万葉学者に注目されてきて、今日ではAの類を「略体歌」、Bの類を「非略体歌」とよぶことが定着している。そして、このような違いの由来を稲岡耕二（『万葉表記論』塙書房、一九七六年）は、新旧、すなわち表記した年代の差と見ている。この説に対して、非略体歌のような表記がまずあって、そのなかで付属語の表記を省く略体歌のような表記も試みられたという考え方も提出されている。しかし、和化漢文からの流れを見ると、日本語固有の要素が徐々に表記されていくようになったと解するのが自然であり、

図26　正倉院装潢手実和歌（正倉院宝物）

仮に略体歌のような表記が非略体歌の成立後にも用いられることはあったにせよ、歌の文字化の発展過程は略体歌から非略体歌へという方向にあったことは、ほぼ動かない。

たとえば、正倉院文書の装潢手実《そうこうしゅじつ》（天平勝宝元年（七四九）八月二十八日付）紙背《しはい》に短歌が書き残されている。

□家之韓藍花今見者難写成鴨

（［妹が］家の韓藍《からあゐ》の花今見れば移しかたくもなりにけるかも）

ここでは、人麻呂歌集非略体歌には必ず見られる助動詞「けり」が表記されておらず、その意味で次のような略体歌の表記に近いものである。

秋野尾花末生靡心妹依鴨（巻十・二二四二）

（秋の野の尾花が末《うれ》の生《お》ひ靡《なび》き心は妹《いも》に依りにけるかも）

しかし、それは略体歌と非略体歌のうちで前者に近い表記様式を採用したというものであって、非略体歌のような表記が広がっていった後もそれぞれの場で自由な表記様式が選択できたと見るのが穏当である。

ただ、略体歌といっても、二五〇四番歌の「乍」や「鴨」のように付属語が書き記されているものも決して少なくない。たとえば、次の歌では、助詞「の」に「之」、「や」に「哉」、「に」に「於」というように漢文の助字が用いられている。

菅根之慟隠々照日乾哉吾袖於妹不相為（巻十二・二八五七）

（菅《すが》の根のねもころごろに照る日にも乾《ひ》めや我が袖妹に会はずして）

また、助詞「かも」を「鴨」というように借訓表記する類は助動詞「つ」の連体形「つる」を「鶴」と書き記した例（巻十一・二四三三　後述参照）など少なくない。このように漢文の助字や訓を最大限利用して表記しようとしているのである。しかし、略体歌と非略体歌の違いは助詞「て」の表記に端的に見られる。これは稲岡耕二による両者の分類基準の一つであるが、前のAとBを見ると、Bでは「而」によって「て」が表記されているが、

Aではその表記が見られない。これは漢文に接続の助字として「而」があるにもかかわらず、意図的に省いたとしか考えられない。その要因については後述するが、この両者の区別はかなり明瞭である。そして、略体歌から非略体歌へという推移も、日本語としての発音通りにできるだけ語を忠実に表記していくという方向で位置づけることができる。

歌表記ことはじめ——柿本人麻呂歌集略体歌

和文表記では七世紀中葉において接続助詞「て」に「而」を用いた例が確認できる。

略体歌の特徴

山口大口費上而次木閈二人作也（『法隆寺金堂四天王像銘』広目天光背　六五〇年前後）

それにもかかわらず、略体歌では「而」が表記されない。この点はおそらく漢詩に「而」の使用が極めて少ないことに影響されたものと思われる。そもそも順接の助字は表現を凝縮すべき短詩形には似合わない。「而」のような、単なる順接の表現はない方がむしろ簡潔で、その一字分を実質的な語に振り当てて、より豊かな意味内容の表現をめざすはずである。略体歌において「而」の使用を徹底して避けたのは、そのような詩歌の表現を念頭に置いてのことであったと見られる。このことは助詞の「かも」（「もがも」の「がも」を含む）が、略体歌にあって例外的に、ほとんどが「鴨」「哉」によって表記されていることとも関係しよう。助詞「かも」が感動を表すことはいまさら言うに及ばないが、それが表記されるのは、明らかに、情動をモチーフとする「詩体」を意識したものであって、実用文とは性格を異にしていることが如実に示されている。

ところで、略体歌は訓を主体とする表記であることに大きな特徴がある。

水上如数書吾命妹相受日鶴鴨（巻十一・二四三三）

（水の上に数書く如き吾が命妹に逢はむとうけひつるかも）

すなわち、自立語を正訓によって表記するほか、漢文の助字「如」でゴトキを、訓仮名の「日」で動詞ウケフの語形を確定させるためにその連用形活用語尾ヒ（甲類）を、そして借訓によって「鶴」でツルを、「鴨」でカモを表している。ここでは正訓、借訓にかかわらず漢字の訓だけが用いられているのである。このように、略体歌は基本的に漢字の訓に表記をゆだねているところに大きな特徴がある。もちろん、音仮名の使用もないわけではないが、それはかなり限定的に用いられているにすぎない。その代表的な例を次に示しておく。

1　固有名詞の表記

千早人宇治渡（ちはやひと宇治の渡りの　巻十一・二四二八　ウヂは地名）

2　漢字の字義では表しにくいもの

我屋戸蘦子太草（我がやどは蘦《いらか》しだ草　巻十一・二四七五　シダは植物名）

伊田何極太甚（いで何《なに》かここだはなはだ　巻十一・二四〇〇　イデは間投詞、ココダは副詞）

是川水阿和逆纏（宇治川の水沫さかまき　巻十一・二四三〇　「みなわ」ではなく、「みなあわ」という語形であることを確定しようとしたもの。ちなみに、『古事記』において「高天原」の「天」の訓注に「阿麻」とあるのもこれと同種で、「たかあまのはら」と読ませようと意図したもの）

1は古くからの音仮名用法であって、広い意味では2に含まれるものであるから、結局は表意表記では意味概念および語形を明確にできないような語が音仮名表記されたことになる。また、「宇多手」のような音訓交用の若干の例外を除いて、いずれも自立語に相当する部分（または自立語を中心としたまとまり）が字音表記されていることが特徴的である。自立語の、一部ではなく、あるまとまり全体を表記するという点で、前代の音仮名による固有名詞表記と共通しているともいえる。

このように、略体歌は、主として訓が連ねられる表記という特徴を有する略体和文の流れに位置していることは明らかであって、非略体歌に先立って成立したものと考えるのが穏当である。

表記の工夫——補助字

略体歌には表記の工夫として、さまざまな試みがなされている。そもそも「哉・不・於・之・者・可」などの漢文的な用法だけでは、日本語の微妙なニュアンスを表現するのに不十分である。これを、いわば補うように、実質的な意味を表す漢字を日本語の付属語的要素へと転用する次のような試みが行われている。

「在」（ケリ）　三室山黄葉為在（三室の山は黄葉《もみち》しにけり　巻七・一〇九四）
「去」（ヌ）　天光月隠去（天照《あまて》る月の隠《かく》りなば　巻十一・二四六三）
「量」（バカリ）　是量恋物（かくばかり恋しきものと　巻十一・二三七二）
「及」（マデ）　及世定（世までと定め　巻十一・二三九八）
「在」（リ）　海神持在白玉（わたつみの持てる白玉　巻七・一三〇二）

このような付属語を表す一群の用字を筆者は「補助字」と名づけている。漢文に見える「助字」とは一線を画するものであって、訓を前提とした実字からの転用である点で特異な用字法である。その補助字の一つ、タリに「在」を用いるものはすでに七世紀中葉に見られるようである。

・奴我罷間盗以此□在

□言在也自午年□□

・於是本奴主有□□□

□ア君之狂此事□口言□（難波宮跡出土木簡　七世紀中葉）

右の一行目が「奴我罷る間、盗みて此を以て往き在り」（国立歴史民俗博物館編『古代日本文字のある風景』二〇〇二年）というように読めるならば、この「在」は補助字といえよう。これは、タリの語源テアリ（テは接続助詞）を「(テ)在」（テは無表記）というように表記したものと見られ、右の例も「□［往］在」とすれば「往きて在り」と読むべきものかもしれない。ただ、このような「在」の用法は「滞在」「潜在」というように動詞に下接する熟語に見えるような漢文的な用法に基づいて付属語表記に転用されたと考えるのが穏当であろう。

児在布奈太利古臣又伯在□古臣二人志願（観音菩薩立像銘　六五一年）

右の指定ナル（ニアル）に相当する「在」もここでいう「補助字」に近いが、これは前に

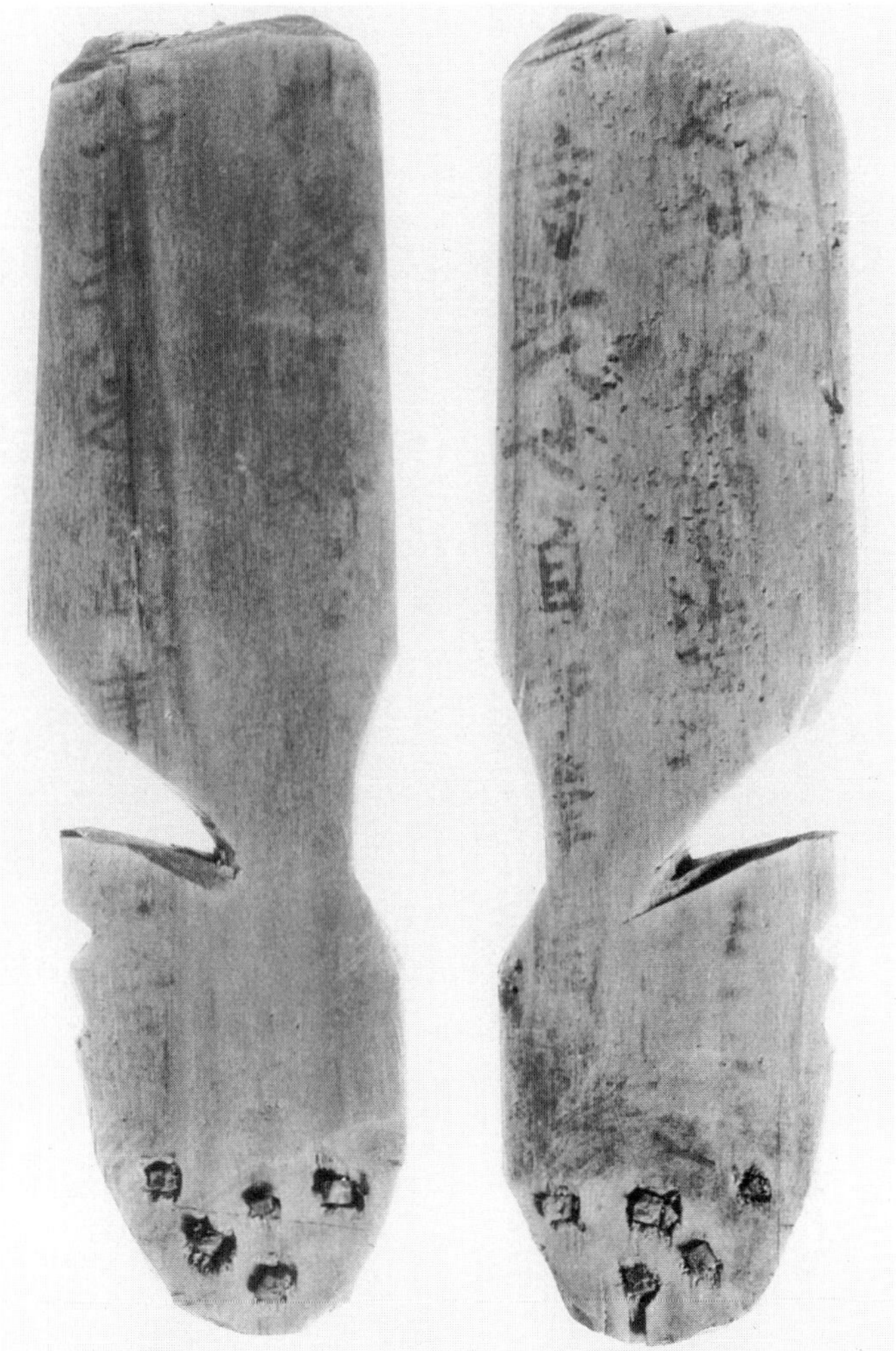

図27　難波宮跡出土木簡　「奴我…」(大阪市文化財協会所蔵)

も述べたように指定一般へ転用したもので、構成要素が一致し用法も近似している。「恋在」〈こひにしありけり〉（巻十一・二四四二）などの「在」と同様、無意識的な必然的な転用と見てよかろう。

こうした補助字の方法が日本で創出されたものかどうかは、にわかに判断しがたい。前述したように、新羅の『南山新城碑』（五九一年）の「為」や「以」などの用法を見ると、朝鮮三国の「俗漢文」の影響がまったくなかったとは言いきれず、むしろ、それが契機となって付属語的要素の借訓用法が生み出された可能性は十分に考えられる。もちろん、こうした外部からの影響を考えなくても、右のような日本語の内部的必然性によって、付属語に対して訓による表記が用いられるようになったとも考えられる。

いずれにせよ、字義の意識的な転用である「補助字」は人麻呂歌集略体歌より以前にその萌芽が見られることは確かであり、今のところ右のような「在」以外の用法は他に認められず、その多様な展開は歌の表記と密接に関わっている蓋然性が高い。当時の社会状況が表記史とどのように係わりあっているのかは現段階では不明であるが、文学的な叙情の表現と、それにふさわしい精細な表記法の創造とが、政治・文化の日本的展開のなかで徐々に醸成されていったことは間違いない。

このように、補助字は表記史のうえで、日本語独自の付属語的要素をも、漢文の助字以外で表意的に表記するという、さらなる和化の段階をもたらしたといえよう。これは訓を連ねるという、略体和文の表記法からの当然の帰結でもあった。

表記の工夫——複音節の借訓表記

これに加えて、略体歌では借訓表記を大幅に採用して、日本語の助詞を表記していることは前に「鴨」に関して述べたところである。

その点で助詞の無表記を見ると、「の」「が」「に」「を」「は」「ば」「や」などは無表記の例が多く、引用の格助詞「と」、係助詞「そ（ぞ）」も表記された例が見られず、傾向として一音節の助詞が表記されていないことが多いようである。一方、複音節の助詞「すら（尚）」「だに（谷）」「のみ（耳）」「ばかり（量）」「まで（及）」「より（従）」「とも・ども（雖）」などは無表記の例は見られない。そして、接続助詞「つつ（管）」や係助詞「こそ（社）」のほか、ク語法の「く」に「に」を添えたものを「国」で、「なにしか」という音列における助詞の連接「しか」を「然」で表記した例も見える。

現直不相夢谷相見与我恋国（巻十二・二八五〇）
（現《うつつ》には直《ただ》には逢はず夢にだに逢ふと見えこそ我が恋ふらくに）

夕去床重不去黄楊枕何然汝主待固（巻十一・二五〇三）

（夕されば床の辺《へ》去らぬ黄楊枕《つげまくら》何しか汝《なれ》の主《ぬし》待ち難き）

「くに」「しか」、そして前者では助詞「だに」が表記されているように、複音節の付属語に特に注意が向けられていることが看取される。複音節が訓で表記されることが多いのは、おそらく音仮名における二合仮名からの類推によるのであろう。

このような表記は略体歌以前には見えないことから、語形の限定のために付属語的要素の表記に用いたのは人麻呂歌集略体歌が最初かもしれない。そして、複音節の借訓表記が「補助字」と同様に略体歌特有の新しい表記法をもたらした点に面白みを見いだすとともに、歌をできるだけ忠実に表記し、読添えの音節を最小限にしようとする方針にも合致することを念頭に置いていたように思われる。

呉音の使用　もう一つ特筆すべきは、略体歌に用いられた音仮名には古音系の「止」「乃」ではなく、「等」「能」が用いられている点である（四二ページ参照）。特にト乙類の「止」は『万葉集』では現れないものであって、その点でも旧来の推古朝の万葉仮名とは一種の断絶が認められる。これは、旧来の万葉仮名の使用を積極的に回避しようとしたからであろう。そのため、訓に基づく仮借が音節表記として必然的に採用される一方、「呉音」体系に基づく新たな音仮名の採用をも促したと考えられる。

大化元年（六四五）に仏教興隆の詔が出され、七世紀後半には渡来系の人々以外にも漢字使用が広まり、さらに、外的要因として、天智二年（六六三）の白村江《はくすきのえ》の戦いの百済《くだら》敗北による多数の遺民の渡来もあって、呉音の使用には拍車がかかったであろう。七世紀中葉以降には、律令体制の整備に伴って、さまざまな分野で新たな事物や概念を指し示す漢語が使用される機会も多くなっていたに違いない。このような漢字漢語の使用が拡大していくと、書き手が旧来の「古音」に基づく万葉仮名に違和感を持つようになるのも自然である。そして、当時において呉音が渡来文化を支える字音体系として意識されたところに、略体和文から脱却した新たな表記様式をもつ略体歌の文化史的意義があるといえよう。

訓字主体表記歌の到達点――略体歌から非略体歌へ

読みの揺れを避ける表記

略体歌の内部では、訓仮名という表音的用法によって日本語の表現をなるべく忠実に表記することが可能となっている。そこでは、たとえば「深」に対して「深め」というように、

心哀何深目（ねもころに何しか深め　巻十一・二四八八）

根深吾恋度（根深めて我恋ひわたる　巻十一・二四八六）

これまで無表記であった要素が書き記されるものがある一方、従来表記されていた要素も、より読みやすいような表記の試みがなされている。

吾久在者妹恋鴨（我が久ならば妹恋ひむかも　巻十二・三一二七）

千歳如吾恋哉（千歳《ちとせ》の如《ごと》も我は恋ふるかも　巻十一・二三八一）

歳雖行我忘八（年は行くとも我忘れめや　巻十・二二四三）

染心我忘哉（染《し》みにし心我忘れめや　巻十一・二四九六）

漢文の助字「哉」ではカやヤ、またはカモなどとも読まれるおそれがあって、その読みが限定しにくい。これを、訓を借りてカモならば「鴨」、ヤならば「八」などと表記することで、それぞれの読み方が定まるのである。

このような、訓仮名によって表意表記による読みの揺れを避けようとする表記の方針は、音仮名によってより精細に歌を表記する傾向を生み出していく（下の〔　〕内に、略体歌においてそれと同じ読みに用いた表意表記による漢字を示す）。

我勢古波幸座（我が背子《せこ》は幸《さき》くいますと　巻十一・二三八四）〔波＝「者」〕

吾背児我浜行風（我が背子が浜行く風の　巻十一・二四五九）〔我＝「之」〕

見度近渡乎廻（見渡せば近き渡りをたもとほり　巻十一・二三七九）〔乎＝「矣」〕

前項で略体歌における音仮名表記は「漢字の字義では表しにくいもの」であったと述べたが（一六二ページ参照）、その「水阿和」の例と同じく、語形を確定させる用法に基づくと認められるのが右の諸例である。少し説明を付け加えると、「我勢古波」（巻十一・二三八四）の「波」は、ハとバ両様に読める「者」に対してハと読みを限定したもの、「吾背児我」（巻十一・二四五九）の「我」も、ノとガ両様に読める「之」に対してガと読みを限定したもの、「近渡乎」（巻十一・二三七九）の「乎」は本来、文末の語気詞である「矣」では読みが限定しにくいことから、音仮名で記したものというように解釈できる。いずれも、表意表記による読みの揺れを避けるために、字音という表音機能に優れた体系によって語形を確定しようとしたものであろう。

したがって、それらは単に、同音を表記するという理由で、助字が音仮名に入れ替わったのではなく、読みを確定し、それ以外には訓読されないという表記をめざしたものと捉えるべきである。このような、訓み下しを確定していくという方向性がすでに略体歌において芽生えていたことは注目すべきであって、それを梃子《てこ》にして非略体歌という新たな表記様式が生み出されていったと見られる。

非略体歌では、ケリ・リ・タリと読まれる「在」、ドモ・ド・トモと読まれる「雖」を、それぞれ次のようにル、ドなどと音仮名で読みを確定する例も見える。

字音表記による読みの確定

侍従時尓相流公鳴（さもらふ時に逢へる君かも　巻十一・二五〇八）

璞之年者竟杼（あらたまの年は果つれど　巻十一・二四一〇）

そもそも、ガ・ドなどの濁音節や、リ・ルなどのラ行音節の表記は、字音を利用することではじめて可能となる。日本固有語である和語（やまとことば）は名詞に一音節の語が多く、ほとんどの清音には借訓が可能であった。しかし、奈良時代以前の日本語においては、語頭に濁音節やラ行音節がくることはないという音節結合の法則があったため、自立語の一音節語としてダ・ラなどの濁音節やラ行音節は存在しない。付属語の助詞ガ、助動詞リ・ルなどは音転もしくは語頭音節の脱落によるものである。したがって、それらを訓仮名で表すことは無理であった。特に略体歌では、ラシ・ラムが無表記であるが、これも表意表記に適当な字がなかったと同時に、訓仮名による表記が不可能であったからでもある。

これに対して、非略体歌では、たとえばラシ・ラムは次のように表記されている。

ラシ　春者来良之（春は来ぬらし　巻十・一八一四）

ラム　靡可宿濫（靡きか寝《ぬ》らむ　巻十一・二四八三）

［略体歌］吾家門過行（我家《わぎへ》の門を過ぎて行くらむ　巻十一・二四〇一）

そして、言うまでもなく、音仮名を添えることで読みが確定され、日本語独自の付属語も精細に表記することが可能となる。

吉恵哉（よしゑやし　巻十一・二三七八）

［略体歌］吉哉（よしゑやし　巻十・二〇三一）

織弖兼鴨（織りてけむかも　巻十・二〇二七）

［略体歌］人見鴨（人見けむかも　巻十一・二四九二）

字音は日本語の音節すべてをカバーできる。それゆえ、日本語表記の黎明期から固有名の表記に利用されてきたが、その字音の利用が、訓を主体とする和文表記において付属語にも及ぶことで、あらゆる語の表記にも適応できる表記の手段をもたらしたのである。これによって、日本語の発音通りに表記できる漢字万葉仮名交じり文が誕生したのである。

歌表記の革新

このような非略体歌の表記の特色は、略体和文の「枠組み」、すなわち訓の連なりから逸脱した点にある。

雪己曾波春日消良米心佐閉消失多列夜言母不往来（巻九・一七八二）

（雪こそは春日《はるひ》消ゆらめ心さへ消え失《う》せたれや言《こと》も往来《かよ》はぬ）

この歌の表記はやや極端なものであるが、第五句の「不」を除くと、他の付属語はすべて音仮名である。このうちの半数を占める正訓字も音仮名で表記されると、万葉仮名文となるのであって、それにつながる可能性を秘めているようにも見られる。それはともかく、略体歌の最も極端な例である「春楊葛山発雲立座妹念」（前記一五五ページ参照）と比べると、その違いの大きさに改めて驚くとともに、歌の文字化の黎明期において表記を革新していった営為に感動すら覚えるのは私だけであろうか。

非略体歌の筆録に関しては、「而」の表記を含む『万葉集』巻十・二〇三三番歌の左注によって、「庚辰年《こうしん》」を下限と見る稲岡耕二の説（『万葉表記論』二〇三ページ）は妥当であり、その「庚辰年」は天武九年（六八〇）と考えてよかろう（粂川定一「人麿歌集庚辰年考」『国語国文』一九六六年十月）。

天漢安川原定而神競者磨待無（天の川安《やす》の河原に定まりて〈以下、定訓がない〉）

此歌一首庚辰年作之（巻十・二〇三三）

文武元年（六九七）の宣命や藤原宮木簡などを見ても、天武朝ごろに端を発する表記の整備はほぼ動かしがたい。天武十一年（六八二）三月に境部連石積《さかいべのむらじいわつみ》らに『新字』一部四四巻を作らせたこともその一貫であろう。『新字』は内容が未詳であるが、あるいは漢字の字体に関する字書の一種かと見られる。飛鳥池遺跡から出土した木簡には「天皇聚露弘□寺」と記されたものがあり、天武朝から持統朝にかけての表記と見られている。「天皇」と記された現存最古の木簡である。また、飛鳥京跡出土の木簡には「大津皇子」と記されたものが見え、一括して捨てられた木簡には「辛巳年《しんし》」（天武十年（六八一））と書かれたものがある。「皇后」という称号も飛鳥浄御原令《あすかきよみはらりょう》（天武十年編纂開始）から使用されたとも考えられているが、このような、正式の称号は壬申《じんしん》の乱以降に整えられたとする説は、同じく天武十年三月の「帝紀及び上古の諸事」を編纂させる詔勅と照合するものである。そうした「時代のうねり」と関係して、公式の用語表記・万葉仮名・表記様式など、さまざまなレベルにおいて大いに盛り上がった表記改革の機運と軌を一にするものであり、非略体歌の出現もそれらを背景として、歌の文字化の革新に与《くみ》したものと考えられる。

柿本人麻呂作歌

ところで、柿本人麻呂は『万葉集』に多くの作歌を残している。そこで、その人麻呂作とされた歌の二、三を反歌・短歌から次に示しておく。

左散難弥乃志我能［一云比良乃］大和太与杼六友昔人二亦母相目八毛［一云将会跡母

戸八」（巻一・三一〈反歌〉）

右の歌には別伝も見えるが、「ささなみのしがの［ひらの］大わだよどむとも昔の人に亦も相《あ》はめやも［会はむと思《も》へや］」というもので、正訓の使用がかなり少ない。基本的には人麻呂歌集非略体歌の表記の延長線上にあるものと理解される。おそらく、略体歌↓非略体歌↓作歌という順序で、その表記が変遷していると見られる（稲岡耕二『万葉表記論』）。そして、前記の非略体歌巻九・一七八二番歌は訓仮名の使用がなく音仮名だけであったが、作歌では音仮名と訓仮名は同じレベルで自由に用いられていることも注意される。右の三一番歌の表記はやや極端に正訓が少ないものであるが、逆に次の歌のように付属語の表記の少ないものもある。

東野炎立所見而反見為者月西渡（巻一・四八〈短歌〉）

通行の読みに従うと、「東《ひむがし》の野にかぎろひの立つ見えてかえり見すれば月傾きぬ」となって、付属語「の・に・ぬ」が表記されていないことになる。しかし、「見ゆ」が終止形接続であるにもかかわらず、連体助詞「の」（「かぎろひの」）の使用によって連体形で結ばれることになっていて矛盾するので、二・三句は「野にはかぎろひ立つ見えて」と読むべきだという説もある。そのほかにも、この歌の解釈には疑問が少なくないが、それは付属語の表記が少なく、訓読が定まらないというところにも起因している。「而」の使用はあるものの、略体歌に近い性質をもつ表記も作歌にあることを一言付しておく。このようにその表記様式には幅があるが、多くは付属語が表記された、そのままで読んでも支障のない非略体歌に近い表記である。

久堅乃天見如久仰見之皇子乃御門之荒巻惜毛（巻二・一六八〔反歌〕）

（ひさかたの天《あめ》見る如く仰ぎ見し皇子《みこ》の御門《みかど》の荒れまく惜《を》しも）

右のような表記が『万葉集』の原型となるものに採用されたと見られ、以降『万葉集』の表記の標準となるのである。それは「漢詩（からうた）」に対する「和歌（やまとうた）」の表記法の成立であり、漢字万葉仮名交じり文という歌表記の一つの達成であった。

柿本人麻呂の表記史上の位置

人麻呂歌集は人麻呂自身が採録したと仮定することに大きな異論はないが、その略体歌と非略体歌の表記を人麻呂のみによる創始と断定することには少し躊躇される。歌を採集したのは人麻呂一人の作業とは考えられない。ただ、多数の略体歌が人麻呂歌集に収録されており、人麻呂歌集以外に、略体歌のような表記が見あたらないという事実は、人麻呂が略体歌の表記と深く関わっていたことを示すものであろう。そして、非略体歌が略体歌の内部から必然的に導き出される、日本語の表現に忠実な表記であり、その発展として人麻呂作歌が位置することをふまえると、そこに一貫性が認められることも創造的性質をうかがわせる。柿本人麻呂がその「やまと歌の文字化」という表記創出の大きな役割の一端を担っていたことは疑いない。

万葉仮名文から仮名文へ

万葉仮名文の出現──「難波津」木簡

万葉仮名だけの歌表記

『万葉集』の巻五・巻十四・巻十五そして巻十七以降には万葉仮名だけによる歌の表記が見える。それは、次のような表記様式である。

余能奈可波牟奈之伎母乃等志流等伎子伊与余麻須万須加奈之可利家理（巻五・七九三）

（世の中はむなしきものと知る時しいよよますます悲しかりけり）

このような、日本語の一音節に一字の万葉仮名をあてて表記した様式を「万葉仮名文」とよんでいる。『万葉集』で、製作年代の確定するもっとも古いこの種のものは大伴旅人《おおとものたびと》による右の歌で、左注に「神亀《じんき》五年」（七二八年）の年記を有している。他方、これよりもさらに古く『古事記』（和銅五年〔七一二〕成立）の歌謡に、このような表記が存在することも古くから知られている。

夜久毛多都伊豆毛夜弊賀岐都麻碁微爾夜弊賀岐都久流曾能夜弊賀岐袁（神代記）

（八雲立つ出雲八重垣妻ごみに八重垣作るその八重垣を）

そして、このような万葉仮名だけによる歌謡表記は『古事記』に始まるという説が広く行われていた。しかし、今日では、七世紀末から奈良時代の初頭にかけてのものと見られる木簡などに、万葉仮名表記の歌謡が見えるという報告が相ついでいる。現時点では次の五点が確認できる。

◎観音寺遺跡出土木簡（徳島市国府町　七世紀末）

奈尓波ツ尓作久矢己乃波奈

◎山田寺出土平瓦（七世紀末か）

奈尓波

◎藤原京跡出土木簡（八世紀初頭）

奈尔皮ツ尓佐久矢己乃皮奈泊留己母利□真波々留部止

佐久□□□□

◎藤原宮木簡（七世紀末～八世紀初頭）

多々奈都久

◎法隆寺五重塔初層天井落書（和銅四年〔七一一〕以前）

奈尔波都尓佐久夜己

「なにはづ」の歌は「難波津に咲くやこの花冬ごもり今を春べと咲くやこの花」という

図28　藤原京跡出土木簡「奈尔皮ツ尓」（奈良文化財研究所所蔵）

てされ『古今和歌集《こきんわかしゆう》』の仮名序にも引用があるもので、仁徳天皇即位前に王仁《わに》が詠んだ歌とされており、「あさか山」の歌とともに「うたのちゝはゝのやうにてぞ、てならふ人の、はじめにもしける」と評されている。歌の始まりとして手習い歌などに用いられ、上代でも親しく口遊《くちずさ》まれていた歌謡であろう。ただ、藤原京跡出土木簡ではその三・四句が少し異なって「春ごもり今は春べと」と書かれている。そもそも「はるごもり」という表現は歌語としては存在しない。それが意図的な改変であるにせよ、記憶の誤りであるにせよ、習書であるがゆえに書き残されたものであろう。もう一つの「多々奈都久」は断片ではあるものの、この五文字は枕詞であって、おそらく全体が万葉仮名で書かれていた歌謡の一部と見てよかろう。初句が「たたなづく」で始まる歌は『万葉集』に次のような歌がある。

立名付青垣山之隔者数君乎言不問可聞（巻十二・三一八七）
（たたなづく青垣山の隔《へ》なりなばしばしば君を言《こと》問はじかも）

前の五例はいずれも、手習いのために書いた習書であるが、『古事記』撰進以前に万葉仮名文が存在することは確実となった。

これに加えて、次の飛鳥池遺跡出土木簡の表記も万葉仮名文である可能性が高い。

・止求止佐田目手□□

・□久於母閉皮

「求止」の部分は宣命大書体のようにも見えるが、かりに「求」を正訓字と見ればおそらく動詞でモトムのような読みが考えられる。その場合、活用語尾の表記が期待されるのであるが、それがないこと、また、サダム・オモフという自立語を「佐田目」「於母閉」のように万葉仮名表記するのも宣命大書体と見るには無理があることなどから、「求」は音仮名と見るべきではなかろうか。「求」は『万葉集』にグの仮名で用いられた例があり、「遂ぐ（もしくは「求」が清音仮名とすれば「解く」）と定めて」「……く思へば」という万葉仮名文の表記の一部と見るのが穏当のように思われる。

このように、万葉仮名だけによる歌の表記は『古事記』以前に遡れることが明らかとなった。ところで、聖徳太子に関連する記事を集めた『上宮聖徳法王帝説《じょうぐうしょうとくほうおうたいせつ》』にも四首の万葉仮名表記の歌が見えている。

上宮聖徳法王帝説の万葉仮名文

伊我留我乃止美能井乃美豆伊加奈久尓多義弖麻之母乃止美能井乃美豆

（斑鳩の止美の井の水生かなくに飲《た》げてましもの止美の井の水）

伊加留我乃止美能乎何波乃多叡婆許曾和何於保支美乃弥奈和須良叡米

（斑鳩の止美の小川の絶えばこそ我が大君の御名忘らえめ）

美加弥乎須多婆佐美夜麻乃阿遅加気尓比止乃麻乎之志和何於保支美波母

（御神食《を》す手挟山のあぢ蔭に人の申しし我が大君はも）

伊加留我乃己能加支夜麻乃佐可留木乃蘇良奈留許等乎支美尓麻乎佐奈

（斑鳩の此の垣山の懸《さ》がる木の空なる事を君に申さな）

『上宮聖徳法王帝説』は聖徳太子没後すぐの成立かといわれてきたが、近年は平安時代に入って最終的に成立したとする説が有力になっている。しかし、この書を構成するそれぞれの記事の成立についてはそれとは別個に考えるべきであろう。したがって、『上宮聖徳法王帝説』成立時期とは別に、右の四首の歌がいつごろの表記かということを明らかにしておく必要がある。

万葉仮名文の表記上の特質

そこで、この表記を見ると、まず所用の万葉仮名に、古音に基づく「支」「止」が用いられており、先に述べたようにこれらは記紀万葉には見えないものである。いかにも推古朝遺文らしい用字であるが、『続日本紀』宣命や美濃国大宝戸籍帳など、八世紀にもこれらの使用は認められる。むしろ、この歌の表記で重要なことは、「木」「井」という正訓字も使用されている点である。

奈良時代の一音一字の音仮名表記の歌謡は、『古事記』『万葉集』以外にも、『日本書紀』

や『播磨国風土記』をはじめとする各風土記に見えるが、そこには正訓字を交用した例がまったく見当たらない。たとえば、和銅六年（七一三）の風土記編纂の官命しばらくしての成立かと言われる『播磨国風土記』（七一五年以前成立）の歌謡に次のようなものが見える。

宇都久志伎乎米乃佐々波尓阿羅礼布理志毛布留等毛奈加礼曾祢袁米乃佐々波（賀毛郡）

（愛《うつく》しき小目《をめ》の笹葉に霰降り霜降るともな枯れそね小目の笹葉）

天平勝宝五年（七五三）の『仏足石歌《ぶつそくせきか》』にも訓字表記は見えず、「師」が表意を兼ねた「久須理師」（薬師）という表記が見えるが、これも本質的には音仮名である。すなわち、散文中に記された歌謡の万葉仮名文には、正訓字を交える表記が見られないのである。この点で、『上宮聖徳法王帝説』の和歌に見える、正訓字の交用表記は甚だ特異である。

ところで、『万葉集』の仮名書き主体の諸巻（巻十九を除く）では、正訓字を交える例が少なくない。たとえば、「木」を正訓表記した例に次のようなものがある。

可頭乃木能（かづの木の　巻十四・三四三二）

同様に「井」について見ると、正訓表記はあるが、仮名書きした例はない。

都追美井乃（つつみ井の　巻十四・三四三九）

すなわち、「木」「井」ともに一音節語でもあり、正訓の確率が高いものであることが認められる。そして、巻五は他の仮名書き諸巻に比べて正訓表記の出現率が比較的高いにもかかわらず、〈木〉を表すのに「紀」と音仮名表記しているのに対して、『上宮聖徳法王帝説』の正訓字の使用は巻十四の表記とよく似ている。ちなみに、巻十四の成立については、武蔵国の歌の配列から山田孝雄は宝亀二年（七七一）以降であるとしている（『万葉集講義』宝文館出版、一九二八年）。

このような、正訓字を交える万葉仮名文のあり方を見ると、『上宮聖徳法王帝説』の四首の歌謡の記載年代はとうてい推古朝とは考えられず、また、上代特殊仮名遣いにほぼ合致していることから、平安時代まで下ることはなく、奈良時代の後期ごろと見るのが穏当である。

万葉仮名文の出現時期

和化漢文から付属語表記に訓仮名を交える訓字主体表記が生じ、やがてこれが付属語表記にも音仮名が用いられるに至って、音仮名を自由に交える漢字万葉仮名交り文が成立したことは前に述べた。一音一字の音仮名による歌謡表記が漢字万葉仮名交じり文の後で出来《しゅったい》したものと考えなければ、人麻呂歌集において略体歌のような、訓み下すのが困難な表記法が採用されていたことに説明がつかない。仮に音仮名だけによる歌謡表記が天武朝以前に確立されていれば、略体歌から非略体歌へという、発音通りに忠実に表記しようとして腐心するようなことはあえて行わなかったに違いない。したがって、万葉仮名文は非略体歌の出現の後で行われるようになったものであり、現存最古の史料が「己丑年《きちゆう》」（持統三年〔六八九〕）と記す木簡より下層から出土した観音寺遺跡木簡（徳島市国府《こくふ》町）であることから、天武朝の後半ごろに出現したものと考えられる。

ただ、七世紀末の万葉仮名文の資料が「難波津《なにわづ》」の歌に多く、それが創作の和歌ではなく、口頭で伝承されてきた歌謡の表記に用いられていることは注意される。『古事記』歌謡が漢字を交えることのない、一音一字式の音仮名表記であることは、このような伝承歌謡の表記に用いられるという慣行の延長線上にあると見ることができる。それはこの表記様式が伝承歌謡を書き表すものとして出現してきたことを想起させるが、この点については後で改めて述べることにする。

音仮名と訓仮名の交用

現存の資料から見て、もう一点留意すべきことは、前述したように最古の万葉仮名文に訓仮名が交用されている点である。音訓の交用表記については、七世紀中葉以降「田須久」（北大津遺跡出土木簡）という訓注にあることは前に述べたが、『万葉集』の仮名書き諸巻では正訓字を交えることはあっても訓仮名を交用することはない。また、『古事記』『風土記』などの歌謡でも音仮名専用の表記である。このように、万葉仮名文は音仮名だけによる表記が基本である。

一方、人麻呂歌集略体歌には「宇多手」（巻十一・二四六四）のような例も見えており、音仮名と訓仮名は別の文字体系であるという意識が徐々に希薄になっていったようである。そして、『万葉集』冒頭歌に「持ち」を「母乳」（「母」は音仮名、「乳」は訓仮名）と表記されていることから見て、持統朝においてはそれらが融合した「万葉仮名」という一つの体系に吸収されていたと考えられる。

『万葉集』のような、技巧をめざす文芸的な所産はまた別の表記原理を考えなければならないが、このような音仮名と訓仮名の交用が大宝戸籍帳では頻出するように、七世紀末には万葉仮名一般の使用は文字能力の低い下級官人などにまで広く及んでいたのであろう。観音寺遺跡や藤原京跡から出土した「難波津」木簡に見える訓仮名の交用は「万葉仮名」

という体系を考えるうえで興味深い。

万葉仮名文成立の背景――『琴歌譜』

万葉仮名文の由来に関する旧説

こうした一音一字式の音仮名表記の由来については、漢訳仏典の陀羅《だら》尼《に》の影響をうけたという春日政治の説（「仮名発達史序説」『春日政治著作集1』勉誠社、一九八二年、所収、五四ページ）がこれまで有力視されてきた。歌謡を、地の文である漢文と区別するためであって、また所用の万葉仮名からもその影響は間違いないというものである。しかし、七世紀末の万葉仮名表記の史料が出土した現時点では、その説はそのままでは受け入れがたい。

『古事記』『日本書紀』などにおいて、一音一字表記が漢文（もしくは漢文的なもの）に挟まれた所に見られることは確かである。しかし、それは史料の性格に基づくもので、そこで書き記そうとする内容は、「うた」ではなく「かたり」としての地の文に重きが置かれているのである。『古事記』の編者太安万侶《おおのやすまろ》に、日本語の発音通りの歌謡を漢文脈と明瞭に区別しようとする表記意識があったことは、採用した万葉仮名が特異である点において異論のないところであり、それが経典の陀羅尼の影響を受けていることも認められよう。

養老四年（七二〇）五月撰進の『日本書紀』の歌謡も『日本書』の「紀」であるという体裁から漢音系の特異な字母を用いて、漢文と区別しようとしたものであり、その様式は『古事記』における表記意識と軌を一にする。

しかし、そのことと、一音一字式の音仮名の発生とは同列には扱えない。そこで、その『古事記』序文で述べている「全以音連者、事趣更長」（全て音を以て連ねたらば、事の趣更に長し）という表現に注目してみよう。これは音仮名だけで書くと文章が長たらしくなるという意であるが、そう述べる背景には歌謡では日本語の発音通りに音仮名で表記することはすでに行われているのではあるが、それをそのまま地の文においても音仮名だけによる表記を用いると、文章が長たらしくなる。だから、音訓交用の表記をしたり訓で表記したりするのである、という認識があるように解される。この序文の記述を読み返すと、歌謡では音仮名による表記が『古事記』に先立ってすでに行われていることを安万侶自身認めているように思われるのである。そして、歌謡の表記ではそれまで慣用されていた音仮名による表記法に従うために、序文では音仮名のみで書き記すという歌謡表記に関してはあえて断わらなかったのであり、一音一字式の表記を歌謡に採用することは、いわば暗黙の前提であったことを物語るのであろう。

このような、記紀においてその歌謡を万葉仮名だけで書き記すという表記様式を採用したことと、「万葉仮名文」そのものの成立とは性質の異なる問題である。地の文である漢文との関係によって一音一字式の音仮名表記が生じたとすることは、これが記紀の成立に先立って、七世紀末の習書木簡や落書に見える以上支持することはできない。

音楽の伝来とその普及

この問題を解く鍵は、史料の面から見て万葉仮名文が古く散文ではなく、歌謡にしか見られないという点にあるのではなかろうか。歌謡は元来書かれたものではなく、口頭で歌われたものであって、旋律を有し、リズムをもつ音楽の一種である。そこで、古代日本における音楽に関する記事を次に探ってみよう。

『日本書紀』では、允恭《いんぎょう》四十二年正月十四日条に、允恭の葬儀に際して、新羅《しらぎ》の献上した楽人がさまざまな楽器を鳴らして、泣き、舞い歌ったことを記している。しかし、古代朝鮮の音楽の伝来についての信頼できる記事は、欽明十五年（五五四）二月条に、百済《くだら》から施徳三斤《せとくさんこん》ら四人の楽人が来朝したとするのが最初であろう。下って推古二十年（六一二）には、呉で伎楽《ぎがく》の舞を修得した味摩之《みまし》が百済から渡来し、桜井で少年を集めてそれを習わせたという、伎楽の本格的な伝来の記事が見える（是歳条）。

そして、天武朝になると、天武十二年（六八三）正月十八日条に、高麗《こま》・百済・新羅の朝鮮三国の外来楽とともに「小墾田儛《おはりだのまい》」という倭舞《やまとまい》を行ったことが記されている。

一方、催馬楽《さいばら》の歌人・歌女の制度の始まりかといわれ、現存の催馬楽の歌詞に含まれる国名とほぼ一致する記事も天武四年（六七五）二月九日条に見える。

大倭《やまと》・河内《かふち》・摂津《つ》・山背《やましろ》・播磨《はりま》・淡路《あはぢ》・丹波《たには》・但馬《たぢま》・近江《あふみ》・若狭《わかさ》・伊勢《いせ》・美濃《みの》・尾張《をはり》らの国に勅《みことのり》して曰《のたま》はく、「所部《くにのうち》の百姓《おほみたから》の能《よ》く歌ふ男女と、侏儒《ひきひと》・伎人《わざひと》とを選びて貢《たて》上《まつ》れ」とのたまふ。

この詔勅《しょうちょく》によって民間の歌謡が宮廷に取り込まれるようになったのであるが、そのような音楽を司《つかさど》る官司は持統元年（六八七）正月一日条に「楽官」とあって、大宝令（七〇一年）の「雅楽寮」の前身と見られる。

ところで、天武二年（六七三）九月二十八日条には、饗宴に楽を奏した記事（「金承元等に難波に饗たまふ。種々の楽を奏す」）がはじめて見える。天武元年十一月条の饗宴には「奏楽」の記事はない。したがって、天武二年以降、礼楽思想に基づく「楽」の重要性が認識されていったように考えられる。『日本書紀』には、顕宗《けんぞう》元年六月条に「避暑殿に幸して楽を奏す」と記すが、これは粉飾であって、おそらく天武朝に至ってはじめて饗宴の奏楽が行われるようになったのであろう。そして、天武十年以降次のような記事が続く。

共に置酒して楽を賜ふ。（天武十年（六八一）正月七日条）

多禰島の人等に……饗たまふ。種々の楽を奏す。（天武十年九月十四日条）

詔して曰はく、「凡そ諸の歌男・歌女・笛吹く者は、即ち己が子孫に伝へて歌・笛を習はしめよ」とのたまふ。（天武十四年（六八五）九月十五日条）

朝庭に大きに酺《さけのみ》す。……亦歌人等に袍《きぬ》・袴《はかま》を賜ふ。（朱鳥《しゅちょう》元年（六八六）正月十八日条）

各、誄《しのびごとたてまつ》る。仍《よっ》て種々の歌儛を奏す。（朱鳥元年九月三十日条）

奠奉《みけたてまつ》りて、楯節《たたふし》の儛を奏す。（持統二年（六八八）十一月四日条）

また、天智十年（六七一）五月五日条に見える「田舞再び奏す」という記事の「田舞」は『続日本紀《しょくにほんぎ》』天平十五年（七四三）五月五日の宣命（第九詔）に、天武が創始したと記されている。このように、天武十年以降盛んに「楽」が奏されるようになり、天武十四年には「歌」が子孫に伝承されるように詔勅が下されているのである。

万葉仮名文の由来

これらの記事によって、天武朝以降、急速に音楽の整備が行われ、天武十四年には歌謡の伝承が重視されるようになっていたことが知られる。この過程において、民間から採取した歌謡の歌詞を記録することが行われたに違いない。その際、歌詞は略体歌のような表記体で文字化されることもあったであろうが、次の『古事記』歌謡のような囃《はや》し言葉や意味のとりにくいものは訓字では表記しがたかったに違いない。

亜々〈音引〉志夜胡志夜［此者伊能碁布曾〈此五音以音〉］阿々〈音引〉志夜胡志夜［此者嘲咲者也］（神武記）

（エエシヤゴシヤ［こはいのごふぞ〈この五音、音を以てす〉］アアシヤゴシヤ［こは嘲咲ふぞ］）

このような場合には、梵語《ぼんご》を音写したように、六書《りくしょ》の「仮借」の用法によって音仮名表記をするしかなかったであろう。

固有名詞の音仮名表記は五世紀から見えるが、一般名詞の音仮名表記も「弥芠」（鳥取県米子市陰田《いんだ》横穴墓群出土須恵器刻書）のような例が七世紀前半には確認できる。北大津遺跡の音義木簡にも、それは訓注の形式ではあっても、その文脈に沿った万葉仮名表記がなされている。したがって、歌謡において歌詞に沿った音仮名表記が生まれる土壌はここに整っていたのである。

天武朝における歌謡の採譜がどのように行われたかということを案ずるに、唐楽《とうがく》などの影響も蒙《こうむ》って、楽譜として後世の『琴歌譜《きんかふ》』（陽明文庫蔵、九八一年写、平安初期以前成立）や風俗歌・催馬楽などのような、音列に忠実な一音一字式の音仮名によって最終的に表記されたように考えられる。『古事記』と『琴歌譜』に共通する「しづ歌」「うき歌」「さかぐらの歌」「しらげ歌」には細部には異同があるものの、同一の歌詞を持つところから、こうした歌謡の文字化は『古事記』に先だって行われていたと見てよかろう。次に『琴歌譜』宇吉《うき》歌の原文を例として掲げておく。

　美奈蘇曾久於美能遠等米保陀理刀利可多久刀礼一説云刀良左爾茲多何太久夜可多久
刀礼保太利刀良須古
（水そそく臣の少女《おとめ》秀罇《ほだり》執《と》り堅《かた》く執れ［一説に云ふ「とらさね」］下堅く弥堅く執れ
秀罇執らす子）

この後に『古事記』の引用に続けて次のような譜が記されている。

美奈曾蘇久丁於美能於引於引於於✓丁引乎止米丁保多利伊止於利丁小可太久宇引宇丁引止
於礼引亜亜々々引保太利止引於於於於引保太利止於引良須古保太利止理丁可太久宇✓宇引宇
宇宇✓丁引止於礼丁志太可太小丁阿久宇丁小夜我阿多丁阿引久宇丁小止於礼亜引亜々々々丁引保
太利止引於於於引保太理丁小止引於良須古

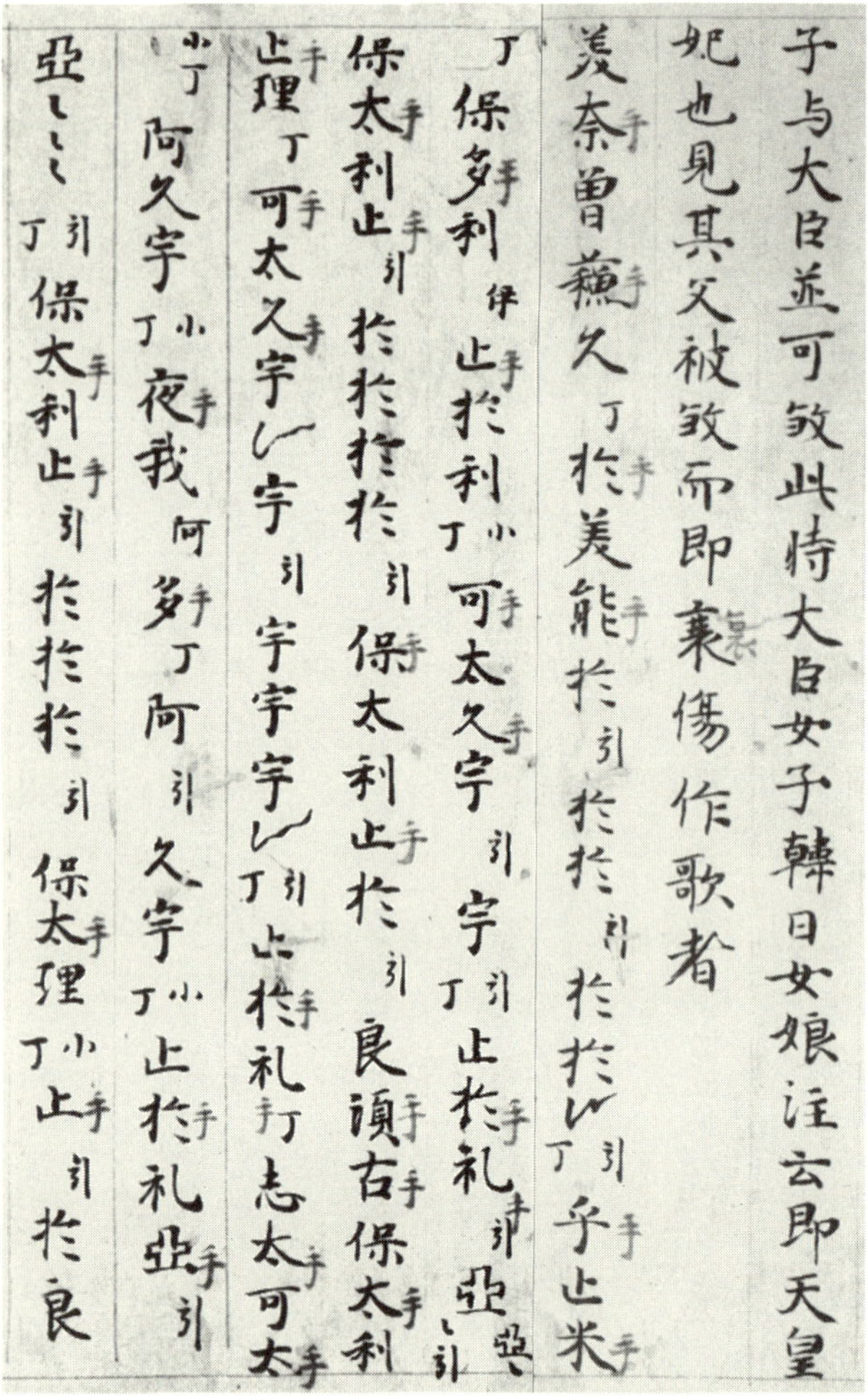
子与大臣並可致此侍大臣女子韓日女娘注云即天皇
妃也見其父被致而即裏傷作歌者

図29　琴歌譜「ウキ歌」の部分（京都府・陽明文庫所蔵）

前記の『古事記』歌謡に「エエ」「アア」に続いて「音引」という注記があるのも、『琴歌譜』に見える同様の「引」の注記に照し合わせると、音楽の司では歌謡の譜に音を引き伸ばすことを示す、右のような表記法がすでに行われていて、それに倣《なら》ったものである可能性が高い。

このように、一音一字式の音仮名による歌謡の表記法が天武朝のある時期から行われるようになり、そうした歌謡の表記法が急速に民間に広まったことから、七世紀末から八世紀初頭の木簡や落書に、下級官人や大工職などの手による歌謡の万葉仮名表記が見られるのであろう。そして、『古事記』は、その撰進の時期において、口頭で伝承されてきた歌謡の表記法として音仮名専用表記がかなり普及していたため、その表記様式に従ったというように理解できる。

『万葉集』の音仮名主体表記

ところで、『万葉集』で最も早い一音一字式の表記が確認できるのは巻五で、神亀五年（七二八）六月の歌（七九三番歌）である。巻五の最終歌（八九七～九〇三番歌、天平五年〈七三三〉六月）に先だって、巻十七の最初の天平二年（七三〇）十一月の歌（三八九〇～三八九九番歌）が見られ、巻十八・十九・二十と順次続いて、天平宝字三年（七五九）正月の歌（四五一六番歌）で終わる。また、巻十五編集時期は天平十四、五年（七四二、三）であるとされている（歌自体の創作は天平八年〜十一年ごろという）。こうした『万葉集』の音仮名主体表記はどのように考えるべきであろうか。

伝承歌謡の表記では一音一字式がかなり広まっていたころ、創作和歌では依然として漢字の正用に基づく訓字主体表記が基本的には用いられていた。それは、人麻呂以降のいわば伝統的表記でもあったが、創作歌の場合、作者にとって歌詞の意味が明確で、字義に基づいた表記が可能である。しかも公式の文章は当時漢文に基づくものであって、訓字主体の表記が多くの場合採用されたのであろう。

その一方で、『万葉集』巻五と関わる、大伴旅人《おおとものたびと》や山上憶良《やまのうえのおくら》などによる筑紫歌壇では、一音一字式の音仮名主体表記が行われるようになるが、巻五に用いられている「迦・企・周」のようなやや特異な字母から見て、漢文中に挿入されることを意識した音仮名の用法であることは認められよう。ただ、そのような音仮名主体表記が仏典の陀羅尼の表記様式に影響を受けたものと考えるのは速断に過ぎるのではなかろうか。むしろ、当時の一流の知識人たちがそのまま音読していた漢詩のあり方にその由来があると思われる。「漢詩（からうた）」の音読に対する「和歌（やまとうた）」表記の音読、それは大伴旅人らの「あそび」から生じたディレッタンティズムの発露であったと見るべきである。歌人としての文字表記に対する主体的な関わりが、伝統的な漢字万葉仮名交じり文に対するアンチテーゼとしての万葉仮名文の採用を促したのであり、音訓交用表記における文字法の詩的機能を捨象して、音だけに詩的表現を託そうとする自律的な「やまとうた」の再創造であったと考えられる。その結果、文学創造としての和歌の表記は伝承歌謡と同じ一音一字式の音仮名表記に統合され、「仮名」主体の言語文化をさらに興隆させていくものとなった。

万葉仮名文から仮名文へ――『多賀城跡漆紙仮名文書』

仮名書き主体の木簡

八世紀以降の仮名書き主体表記の歌を『万葉集』以外でもう少し見ておこう。平城宮木簡には、次のような和歌の一部と考えられるものが見える。

目毛美須流安保連紀我許等乎志宜見加毛美夜能宇知可礼弖／奈尓（「目も見ずある保連紀（以上三字未詳）が言《こと》を繁《しげ》みかも宮の内離《か》れて何」の意。「安」の右傍に転倒符がある）

田□之比等等々流刀毛意夜志己々呂曾（二字目を「延」とする説があり、それによれば「絶えし人と取るとも同《おや》じ心そ」の意か）

前者では正訓の「目」が用いられているが、このような正訓を交える歌の表記は前述したように『万葉集』にも見える。ただ、訓仮名の「見」「田」を用いるのは『万葉集』とは位相を異にすることを示すもので、日常的実用的な表記に基づいたからであろう。

また、やや正訓字の多い表記も次のように見える。

玉尓有波手尓麻伎母知而（『平城宮発掘調査出土木簡概報』六。「玉にあらば手に巻き持ちて」の意、『万葉集』巻二・一五〇、巻三・四三六参照）

ここでは「玉・有・手・而」という正訓が用いられている。

正倉院万葉仮名文書

このほかにも、木簡の断片に万葉仮名文が記された例が少なからず報告されている。それらは歌の表記である可能性の高いものが大部分であるが、なかには散文も含まれているかもしれない。正倉院文書として伝えられているもののなかに、二通の「万葉仮名文書」（天平宝字六年（七六二）ごろ成立）が散文として見られるからである。

正倉院万葉仮名文書（甲文書）

■（墨消）和可夜之奈比乃可波

利尓波於保末之末須［美］

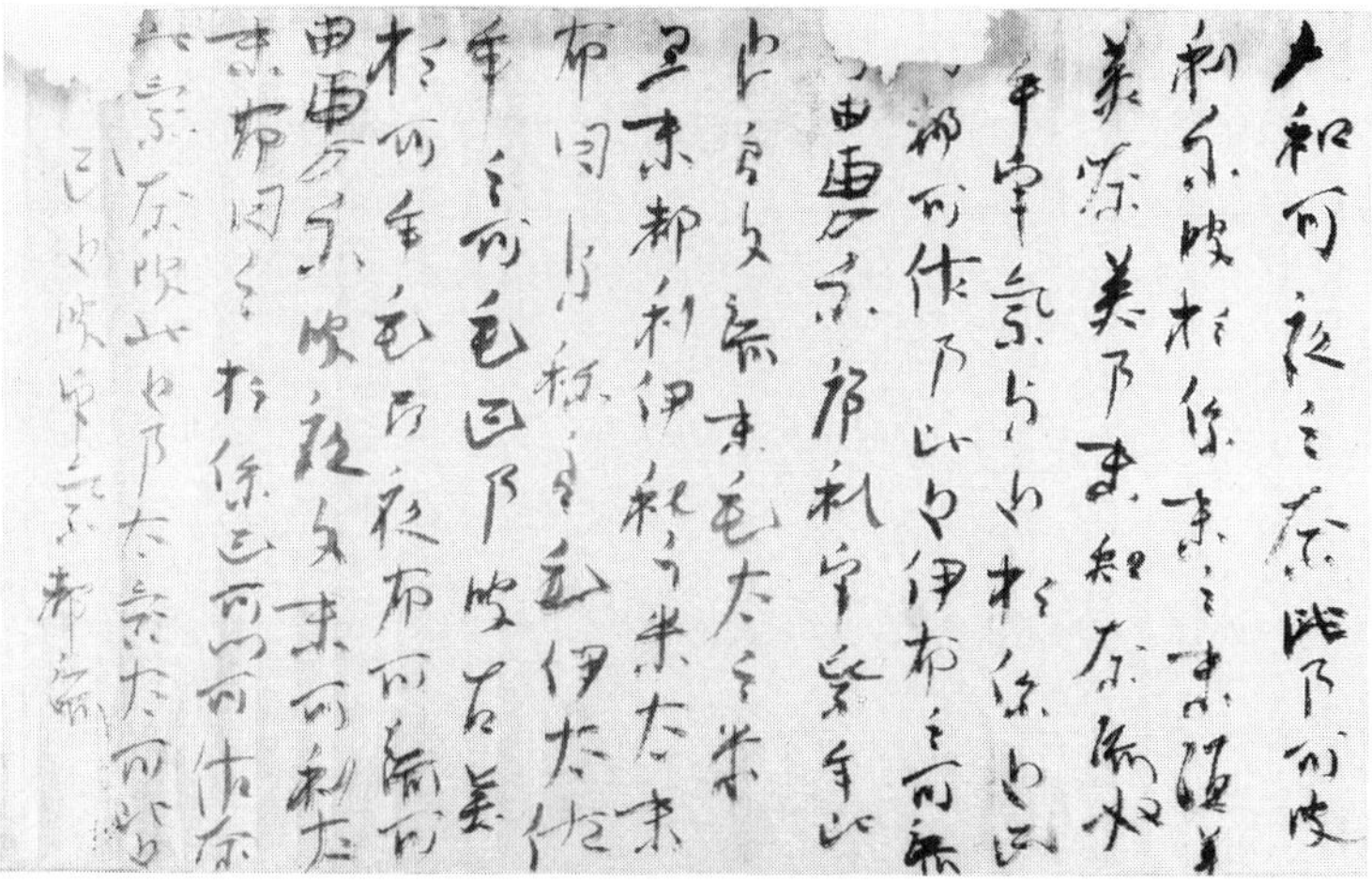

図30　正倉院万葉仮名文書「和可夜之奈比…」(正倉院宝物)

美奈美乃末知奈流奴
乎宇気与止於保止己
（可）都可佐乃比止伊布之可流
（可）由恵尓序礼宇気牟比
止良久流末毛太之米
弖末都利伊礼之米太末
布日与禰良毛伊太佐
牟之可毛己乃波古美
於可牟毛阿夜布可流可
由恵尓波夜久末可利太
末布日之於保己可川可佐奈
比気奈波比止乃太気太可比止
□己止波宇気都流

（我が養ひの代はりには、おほまします南の町なる奴《やつこ》を受けよと大床《おほとこ》が司《つかさ》の人言ふ。然るが故に、それ受けむ人ら車持たしめて奉り入れしめたまふ日、米《よね》らも出《い》ださむ。しかも、

この運《はこ》み置かむも危《あや》ふかるが故に、早く罷《まか》りたまふ日し、おほこ〔大床カ〕が司靡《なび》けなば、人の丈高《たけたか》人《ひと》□事は受けつる）

ここでは、「美奈美乃末知奈流奴・（南の町なる奴）」「波夜久末可利太末布日之・（早くまかり給ふ日し）」などのように、音仮名主体の中にまれに正訓を交えるという表記様式であったことがわかる。

万葉仮名による散文表記

こうした散文における万葉仮名文の成立は、観音寺遺跡木簡の「奈尓波ツ尓」や藤原宮木簡の「多々奈都久」などの歌謡の一音一字式の表記が通行するようになり、万葉仮名が音節文字として独立的性格を増したことによるのであろう。木簡には万葉仮名表記の散文かと思しきものも、たとえば、次のように見られることから、奈良時代の中ごろには散文の万葉仮名文も決して珍しいものではなかったに違いない。

□多礼□波久留万尓（平城宮木簡三二九九号「……たれ（る）は、車に……」の意か）

また一方、表語文字としての漢字を十分に使いこなせない文字能力の低い人々も文書を作成する必要性に迫られたことにも起因するものであろう。かなり広まっていた、万葉仮名による和歌の表記に倣って、話しことばを一音一字で表記したと見られる。このような散文表記様式は画期的なものであって、文字能力の低い層から行われたものであったにせよ、漢文の知識を必要とせず、一定数の万葉仮名さえ習得すれば文書が書けることが証明されたのである。日常の話しことばを万葉仮名によって書き表すことの術を知ったところに大きな意義があり、人々の間に普及していくのも自然であった。

ちなみに、この前段階として次のような平城京跡木簡が位置するように想定される。

・□□知□謹申木末呂阿何波知

・木末呂和礼波知□□波知波

右の木簡は、薬師寺内の井戸跡から出土したもので、伴出土器には霊亀二年（七一六）の年記をもつものがある。これは薬師寺造営工事に関わるもので、「謹申」とあるところから上申文書の習書と見られ、二行目の人名「木末呂」の後に続く「和礼波知」は「我は知」などと読めよう。上申文書のようなものでは一般的に見て「我」「吾」のように正訓字で書けるにもかかわらず、この木簡では万葉仮名で記されているのが注目される。この表記は習書という非公式のものであっても、万葉仮名表記が試みられている点は注意すべきであって、この種の仮名書きが、いずれ正式の文書にも出現する可能性を示すものであろう。文書の世界でも音仮名による表記の機会が次第に多くなってきたことの一端が知られるのである。

平仮名への移行のきざし

九世紀に入ると、『多賀城跡漆紙仮名文書《たがじょうあとうるしがみかなもんじょ》』（九世紀前半）と『讃岐国《さぬきのくに》戸籍帳端書《こせきちょうはしがき》』（『有年申文』八六七年）が草仮名（草書体の万葉仮名）で書かれたものとして注目される。

◎『多賀城跡漆紙仮名文書』

　　□□□□不天毛□
　□□承天奈利奴
□奈爾乃美太徒奴止支己由奈止□
□■（墨消）乙□旦［間］□□須与□□□阿□
　　　　□□□□□□□□
□天武度須礼度毛可乃所［爾］奈□
多礼□衣所天乃□へ者□□支［之］
　□［曾］世者須久之天
［以］可□爾□支己江
　　□爾者

図31　多賀城漆紙仮名文書（宮城県多賀城跡調査研究所提供）

（……ふても……承（り）てなりぬ……なにのみ立つ奴と聞こゆなと……旦（の）間□□すよ□□□あ……てむとすれども、かの所にな……たれ□衣（の）そでの□へは□□きし……ぞ、世は過ぐして、……いか□に□聞こえ……には）

断片しか残存せず、また判読不可能な箇所が多いため、全体の文意を取ることは困難であるが、部分的には「承てなりぬ」「と聞こゆなと」「てむとすれども」「世は過ぐして」などと解釈できよう。ここでは「ぬ（奴）」「な（奈）」「と（止）」「こ（己）」などをはじめ、後の平仮名へと移行する草仮名の一段階を示している。また、漢文の助字「者」が助詞「は」の表記に用いられているようであるが、これは正訓に準じるものであり、八世紀の木簡の表記にも「□江久礼者（「越え来れば」の意か）」（平城宮木簡三〇九七号）などの例が見いだせる。この文書の表記で注意すべきは、一部に正訓が「承」（おそらく「旦」「所」なども訓によるものか）などと見られること、訓仮名を用いず、音仮名を基本としていることが、八世紀の『万葉仮名文書』や次の『讃岐国戸籍帳端書』などと共通している点である。

◎『讃岐国戸籍帳端書』（『有年申文』とも　八六七年）

改姓人夾名勘録進上許礼波奈世

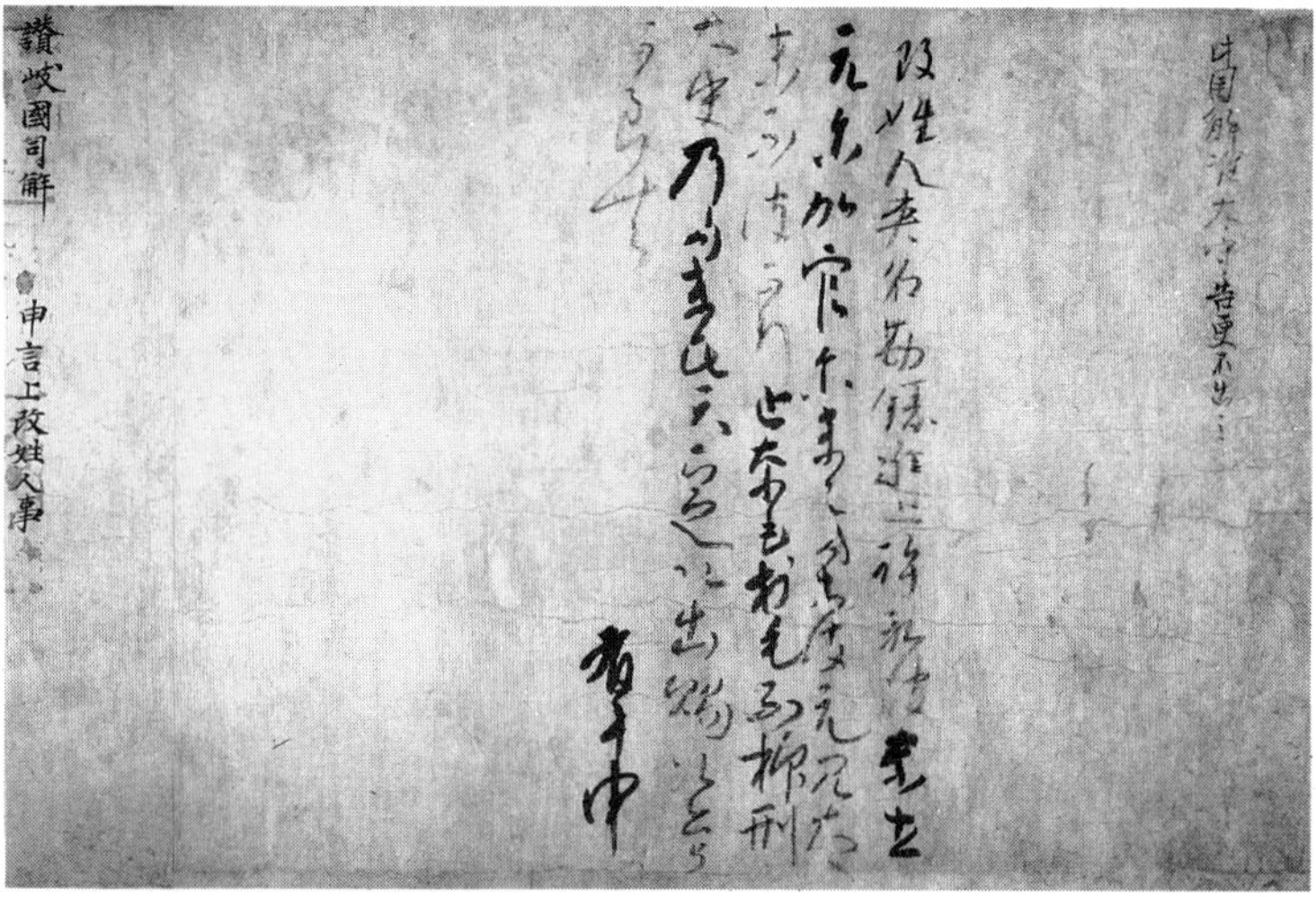

図32　讃岐国戸籍帳端書（東京国立博物館所蔵）

无爾加官尓末之多末波无見太
末不波可利止奈毛於毛不抑刑
太史乃多末比天定以出賜以止与
可良無　　　有年申

（姓を改むる人の夾名を勘録し進上す。これは何せむにか官《つかさ》にましたまはむ。見たまふばかりとなも思ふ。抑《そもそ》も刑太史のたまひて定めて出《い》だし賜ふ。いとよからむ。有年申《ありとし》す。）

その意味で、草仮名文は、前代の『万葉仮名文書』の延長に位置するものである。

草仮名

ところで、草仮名は漢字の一書体ではあるが、それが万葉仮名文に用いられるのは、前記『多賀城跡漆紙仮名文書』の「乃美」「奈止」「度毛」などの連綿体に見られるように、素早く書くという実用性によるものであろう。そしての背景には日本語の音節を書き表す専用的な文字であるという明確な意識があったと考えられる。つまり、それは日本語の表現を表音的にすらすら書いていくという場合に採用された書体であった。また、音韻との関係で言えば、「上代特殊仮名遣い」が消滅した九世紀においては（コゴの音節だけは九世紀中葉まで区別されるが）、濁音を清音に代表させれば、四八の音節（イロハ四七音に、十世紀半ばまで区別のあったヤ行のエが含まれる）に相当する

図33　教王護国寺千手観音像胎内檜扇墨書（京都府・東寺所蔵、便利堂写真提供）

仮名さえ書ければ、話しことばをそのまま文字化できるという意味でも実用的であった。識字能力の低い層の人々も文章を書くことができるようになったということは、コミュニケーションの範囲が広がったということでもある。多賀城跡という東国においても草仮名が用いられていたという事実は、その定着度という観点から見ても極めて興味深いことである。

最古の平仮名資料

さらに、草仮名が簡略化されて平仮名となったのも、漢文のための漢字ではなく、和文のための音節文字という意識が徹底化されたからであろう。運用の面だけでなく字形までもが漢字から逸脱したのである。

年代の確定する最古の平仮名資料としては、次の「教王《きょうおう》護国寺《ごこくじ》千手観音像《せんじゅかんのんぞう》胎内《たいない》檜扇《ひおうぎ》墨《ぼく》書《しょ》」（八七七年）があげられる。

无量授如来にも　たて

いねも　ころに　ま□□や

このようにして、九世紀の末に平仮名が生じ、文字体系として漢字と完全に決別したのである。それは、日本語の音節を表記する表音文字としてのみ機能し、日本語の表現をそのまま写し出すものである。延喜《えんぎ》五年（九〇五）には、醍醐《だいご》天皇の命によって『古今和歌集』が編集される。これ以前には勅撰は漢文で書かれたものであって、和歌集の勅撰とは、漢詩漢文と対等のものとして和歌和文が、漢字と対等のものとして平仮名が公認されたことを意味する。そして、やがて仮名文による物語・日記・説話など王朝文学が花開くのである。そうした国風文化の幕開け直前に平仮名が成立したことは決して偶然ではない。日本語の表現を優位とする文字体系の存在によって、その表現がさらに純化され洗練されたところに、王朝文化の興隆を迎えるのである。

あとがき

日本古代の史料が、日本語の文字表記という観点からはどのように整理され、位置づけられるか、それを明らかにすることが私の関心事の一つである。史料を一つ一つ読み解き、その学的価値を定位することは大きな楽しみである。しかし、それとともに、どのような理由で、どのような過程を経て、日本語の文字表記が生み出され確立されてきたかという表記のダイナミズムを明らかにすることは、さらなる楽しみである。いわば、点と点を論理的につなげるということ、そして、つながった線がどの方向を指しているか、その日本語表記の大きな流れは、右に記した静的な面ならびに動的な面の双方からの分析によって初めて解明されるのではないかと考えている。

一九七八年の『稲荷山古墳鉄剣銘』の発見以降、古代金石文に関する知見は新たな段階に入った。これに先立って平城宮や藤原宮などから発掘されていた木簡も、その後各地で発掘されるようになり、今日に至るまでその期待に違わず、大きな成果をもたらしている。近年相次いで出土する、土器に刻書または墨書された文字符号も漢字の伝来をめぐる議論を活発にしている。一時代前に比べて多様な史料が飛躍的に増大し、文字表記についての旧説も大きく修正されねばならなくなってきている。本書は、そのような古代の文字表記全般に関心を持たれている方に、よりわかりやすいように書きおろしたものである。そのため専門的な事柄にはなるべく立ち入らないようにし簡略を旨とした。詳しくは前著『日本古代の表記と文体』をも参照していただければ幸いである。

二〇〇三年一月

沖　森　卓　也

著者紹介

一九五二年、三重県に生まれる
一九七七年、東京大学大学院人文科学研究科
　修士課程修了
現在、立教大学名誉教授、博士（文学）

主要著書

日本古代の表記と文体　日本語史〈編〉　歌経標式—注釈と研究〈共〉　上代木簡資料集成〈共〉　藤氏家伝—注釈と研究〈共〉　上宮聖徳法王帝説—注釈と研究〈共〉

歴史文化ライブラリー
151

日本語の誕生
古代の文字と表記

二〇〇三年（平成十五）四月一日　第一刷発行
二〇二三年（令和　五）四月一日　第五刷発行

著　者　沖《おき》森《もり》卓《たく》也《や》
発行者　吉川道郎
発行所　株式会社 吉川弘文館
東京都文京区本郷七丁目二番八号
郵便番号一一三—〇〇三三
電話〇三—三八一三—九一五一〈代表〉
振替口座〇〇一〇〇—五—二四四
http://www.yoshikawa-k.co.jp/

印刷＝株式会社 平文社
製本＝ナショナル製本協同組合
装幀＝山崎　登

ISBN978-4-642-05551-2

歴史文化ライブラリー

1996.10

刊行のことば

現今の日本および国際社会は、さまざまな面で大変動の時代を迎えておりますが、近づきつつある二十一世紀は人類史の到達点として、物質的な繁栄のみならず文化や自然・社会環境を謳歌できる平和な社会でなければなりません。しかしながら高度成長・技術革新にともなう急激な変貌は「自己本位な刹那主義」の風潮を生みだし、先人が築いてきた歴史や文化に学ぶ余裕もなく、いまだ明るい人類の将来が展望できていないようにも見えます。このような状況を踏まえ、よりよい二十一世紀社会を築くために、人類誕生から現在に至る「人類の遺産・教訓」としてのあらゆる分野の歴史と文化を「歴史文化ライブラリー」として刊行することといたしました。

小社は、安政四年(一八五七)の創業以来、一貫して歴史学を中心とした専門出版社として書籍を刊行しつづけてまいりました。その経験を生かし、学問成果にもとづいた本叢書を刊行し社会的要請に応えて行きたいと考えております。

現代は、マスメディアが発達した高度情報化社会といわれますが、私どもはあくまでも活字を主体とした出版こそ、ものの本質を考える基礎と信じ、本叢書をとおして社会に訴えてまいりたいと思います。これから生まれでる一冊一冊が、それぞれの読者を知的冒険の旅へと誘い、希望に満ちた人類の未来を構築する糧となれば幸いです。

吉川弘文館

歴史文化ライブラリー

古代史

邪馬台国の滅亡 大和王権の征服戦争——若井敏明
日本語の誕生 古代の文字と表記——沖森卓也
日本国号の歴史——小林敏男
日本神話を語ろう イザナキ・イザナミの物語——中村修也
六国史以前 日本書紀への道のり——関根 淳
東アジアの日本書紀 歴史書の誕生——遠藤慶太
〈聖徳太子〉の誕生——大山誠一
倭国と渡来人 交錯する「内」と「外」——田中史生
大和の豪族と渡来人 葛城・蘇我氏と大伴・物部氏——加藤謙吉
物部氏 古代氏族の起源と盛衰——篠川 賢
東アジアからみた「大化改新」——仁藤敦史
白村江の真実 新羅王・金春秋の策略——中村修也
よみがえる古代山城 国際戦争と防衛ライン——向井一雄
よみがえる古代の港 古地形を復元する——石村 智
古代氏族の系図を読み解く——鈴木正信
古代豪族と武士の誕生——森 公章
飛鳥の宮と藤原京 よみがえる古代王宮——林部 均
出雲国誕生——大橋泰夫
古代出雲——前田晴人
古代の皇位継承 天武系皇統は実在したか——遠山美都男
古代天皇家の婚姻戦略——荒木敏夫
壬申の乱を読み解く——早川万年
戸籍が語る古代の家族——今津勝紀
古代の人・ひと・ヒト 名前と身体から歴史を探る——三宅和朗
万葉集と古代史——直木孝次郎
郡司と天皇 地方豪族と古代国家——磐下 徹
地方官人たちの古代史 律令国家を支えた人びと——中村順昭
古代の都はどうつくられたか 中国・日本・朝鮮・渤海——吉田 歓
平城京に暮らす 天平びとの泣き笑い——馬場 基
平城京の住宅事情 貴族はどこに住んだのか——近江俊秀
すべての道は平城京へ 古代国家の〈支配の道〉——市 大樹
都はなぜ移るのか 遷都の古代史——仁藤敦史
古代の都と神々 怪異を吸いとる神社——榎村寛之
聖武天皇が造った都 難波宮・恭仁宮・紫香楽宮——小笠原好彦
天皇側近たちの奈良時代——十川陽一
藤原仲麻呂と道鏡 ゆらぐ奈良朝の政治体制——鷺森浩幸
古代の女性官僚 女官の出世・結婚・引退——伊集院葉子

歴史文化ライブラリー

〈謀反〉の古代史 平安朝の政治改革――春名宏昭
皇位継承と藤原氏 摂政・関白はなぜ必要だったのか――神谷正昌
王朝貴族と外交 国際社会のなかの平安日本――渡邊 誠
平安朝 女性のライフサイクル――服藤早苗
平安貴族の住まい 寝殿造から読み直す日本住宅史――藤田勝也
平安京のニオイ――安田政彦
平安京の災害史 都市の危機と再生――北村優季
平安京はいらなかった 古代の夢を喰らう中世――桃崎有一郎
天神様の正体 菅原道真の生涯――森 公章
平将門の乱を読み解く――木村茂光
安倍晴明 陰陽師たちの平安時代――繁田信一
平安時代の死刑 なぜ避けられたのか――戸川 点
古代の神社と神職 神をまつる人びと――加瀬直弥
古代の食生活 食べる・働く・暮らす――吉野秋二
古代の刀剣 日本刀の源流――小池伸彦
大地の古代史 土地の生命力を信じた人びと――三谷芳幸
時間の古代史 霊鬼の夜、秩序の昼――三宅和朗

民俗学・人類学

古代ゲノムから見たサピエンス史――太田博樹
日本人の誕生 人類はるかなる旅――埴原和郎
倭人への道 人骨の謎を追って――中橋孝博
役行者と修験道の歴史――宮家 準
幽霊 近世都市が生み出した化物――髙岡弘幸
雑穀を旅する――増田昭子
川は誰のものか 人と環境の民俗学――菅 豊
柳田国男 その生涯と思想――川田 稔
遠野物語と柳田國男 日本人のルーツをさぐる――新谷尚紀

各冊一七〇〇円～二一〇〇円（いずれも税別）
▽残部僅少の書目も掲載してあります。品切の節はご容赦下さい。
▽品切書目の一部について、オンデマンド版の販売も開始しました。
詳しくは出版図書目録、または小社ホームページをご覧下さい。